Ferdinand Karer

Gehen und staunen

Ferdinand Karer

Gehen
und
staunen
Mein Pilgerweg nach Rom

Tyrolia-Verlag · Innsbruck-Wien

Mitglied der Verlagsgruppe „engagement"

© 2019 Verlagsanstalt Tyrolia, Innsbruck
Umschlaggestaltung und Layout: Tyrolia-Verlag, Innsbruck
Lithografie: Artilitho, Trento (I)
Druck und Bindung: Gorenjski-Tisk, Slowenien
ISBN 978-3-7022-3750-9 (gedrucktes Buch)
ISBN 978-3-7022-3762-2 (E-Book)
E-Mail: buchverlag@tyrolia.at
Internet: www.tyrolia-verlag.at

Inhaltsverzeichnis

„Das Staunen ist der Anfang des Denkens."

Aristoteles

Meinem Novizenmeister
P. Alois Bachinger
und meinem ersten Provinzial
P. Isidor Fecher

Vorwort

Pilgern und schreiben: ein Reflektieren – ein Zurückgehen – ein tägliches Einüben – und so gar keine Pflicht, lediglich ein Probieren, ein Versuch, vom äußeren Gehen zur inneren Pilgerschaft zu gelangen. Pilgern hat mit Suchen zu tun. Suchen ist uns Menschen ureigen. Es gehört vom Wesen her zu unserem Menschsein. Suchen heißt Einlassen, heißt auch Probieren, sich zu verwandeln, zu verändern, zu bewegen, einmal einen anderen Gedanken zuzulassen, einmal zu hören, zu verstehen oder auch überhaupt nichts zu verstehen, Suchen heißt auch, neugierig zu bleiben.

Tagebuch schreiben ist sehr intim für mich: Es noch einmal anders mit meinem Gott und den Menschen probieren, in Versuchung geraten, mich neu in Gott zu verlieben oder diesen Gott aus meinem Leben streichen. Aber vielleicht ist dieser Gedanke gar nicht mehr zulässig in einer Zeit, die Gott kaum noch kennt, auch nicht mehr vorgestellt bekommt und eigentlich nichts mehr mit ihm zu tun haben will. Sich mit Gott abzugeben ist äußerst unbequem, weil es einem zunächst eine vermeintliche Sicherheit nimmt. Gott ist zum Wagnis geworden. Gott zulassen nimmt Halt – aber macht frei, führt weg vom Ich, hin zum Außergewöhnlichen.

Es liegt einige Jahre zurück, da sprach Roland Adrowitzer, langjähriger ORF-Korrespondent, in einer Diskussionsrunde nach den Terrorakten in Brüssel mit Tränen in den Augen und einer fast gebrochenen Stimme von seinem Sohn, der damals in Brüssel ein Praktikum machte. Auf die Frage seines Vaters, ob er denn nicht nach Hause kommen wolle, habe sein Sohn Aristoteles zitiert: „Wer die Sicherheit der Freiheit vorzieht, ist zu Recht Sklave."

Ich bin überzeugt: Jeder Mensch will in Freiheit leben. Wir Menschen sind zur Freiheit geboren und machen uns oft freiwillig zu Sklaven des immer funktionieren müssenden Alltags. Je mehr Big Data unser Leben bestimmt, desto mehr gehen wir in die freiwillige Abhängigkeit, sind Teil eines Systems von Algorithmen, die unser Denkvermögen längst überstiegen haben.

Das macht unfrei – macht vielleicht so manches Bankkonto fetter, das Sich-leisten-Können des überflüssigen Unnützen einfacher, aber das Leben sehr mager. Das Bewusstsein geht verloren. Glück ist nicht kaufbar. Das Funktionieren raubt mir meine Freiheit.

Ich durfte bereits einmal einen weiteren Weg gehen. Im Herbst 2011 pilgerte ich von Le Puy nach Santiago, gut 1600 Kilometer. Gedanken aus beiden Wegen fließen in meinem Reisebericht zusammen. Über Wochen hin gehen zu dürfen, ist wahrer Luxus. Ich weiß, viele haben das auch schon vorgehabt, aber es war nicht möglich. Mir ist es möglich gemacht worden, wofür ich mehr als dankbar bin. Und ich habe erfahren, dass das Gehen eine ganz große Erfahrung von Freiheit ist.

Tagsüber bin ich gegangen und abends habe ich geschrieben. Und immer wieder haben mich am Abend die Gedanken fast überrannt. Beim Gehen sind die Gedanken frei, man kann frei entscheiden, was man denkt, und ist nicht mehr getrieben, das zu denken, was die Alltagsherausforderungen verlangen. Das ist groß.

Ich lade Sie ein, liebe Leserin, lieber Leser, meinen Weg nach Rom mitzugehen. Es ist eine innere Pilgerschaft, eigentlich ist es ein Weg in mein Inneres, ein Weg zurück in meine Kindheit, vielleicht ein Weg zu Gott – ich ringe mit diesem Begriff. Oder öffnet das Pilgern die Seele, so dass Gott zu mir gehen kann? Pilgern hat auf alle Fälle mit Offenheit zu tun, einer Offenheit einem größeren Du und etwas ganz anderem gegenüber.

1. Teil

Ich gehe ein Stück mit dir

Mein Rucksack und ich – hoffentlich vertragen wir uns

Das ist mein Rucksack, geliehen von Michael, einem Kollegen und Freund. Darin mein Hab und Gut für die nächsten zwei Monate. Ich geize, schließlich muss ich ja alles tragen: ein Paar Turnschuhe, Flip-Flops, zwei Paar Socken, zwei Unterhosen, zwei Wanderhosen, zwei T-Shirts fürs Gehen, ein Shirt für die Nacht und ein Langarmleiberl aus Merinowolle für die kälteren Tage. Trekkingschuhe. Da die Fleecejacke, eine leichte Windjacke und ein Regenponcho, ein Hüttenschlafsack – auch er ist geliehen – und ein Funktionshandtuch, Zahnpaste und Zahnbürste, eine Kernseife, eine Tube Hirschtalg für die Füße. Das ist mein Rucksack, mein Begleiter, ja, dann ein E-Book: Ich habe den Wanderführer eingescannt, um Gewicht zu sparen. Dann ein Handy mit einer Wander-App, der Fotoapparat und, ganz wichtig, mein unbeschriebenes Moleskine-Buch mit vielen Seiten. Eigentlich gar nicht so bescheiden, wie anfangs gedacht. Natürlich gibt es dann noch die Bankomatkarte und auch die E-Card der Krankenversicherung fehlt nicht. Eigentlich bin ich gut abgesichert. Knapp acht Kilogramm wiegt mein Rucksack.

Es gibt ein Gedicht von Günter Eich, ein Gedicht am Ende des Krieges, 1945, es heißt *Inventur*. Da schreibt er, was er noch hat:

Dies ist meine Mütze,
dies ist mein Mantel,
hier mein Rasierzeug
im Beutel aus Leinen.

Er hat nicht viel, ihm ist nicht mehr geblieben. Der Krieg hat alles genommen. Was geblieben ist, waren Trümmer. Ja, und die Liebe zum Schreiben:

Die Bleistiftmine
lieb ich am meisten:
Tags schreibt sie mir Verse,
die nachts ich erdacht.

Vollkommen konträr zu damals, natürlich nicht vergleichbar. Damals nahm der Krieg, heute versucht man freiwillig, sich von vielem zu trennen, damit man wieder mehr hat – denkt man. Hoffentlich auch richtig gedacht. Es ist nicht viel, was ich mitnehme. Ich schultere meinen Rucksack, geh im Gang unseres Ordenshauses einmal auf und ab. Ein komisches Gefühl. Irgendwie noch fremd auf meinem Rücken. Aber er wiegt nicht schwer. Die Schuhe scheinen zu passen. Sind neu und eigentlich nicht erprobt.

Frankenburg, 21. August

Bin gestern weggegangen. Papst Franziskus hat ein „Heiliges Jahr der Barmherzigkeit" ausgerufen und in diesem Jahr möchte ich von Dachsberg in Oberösterreich nach Rom gehen. Gute tausendfünfhundert Kilometer. Ich lass eine Baustelle an unserer Schule zurück. Hoffentlich geht sich das bis Schulbeginn aus. Irgendwie plagt mich ein schlechtes Gewissen, eigentlich möchte ich noch bleiben, bis das Ende der Um- und Neubauarbeiten in Sichtweite ist.

Vor mir liegen unendlich viele Schritte der Unabhängigkeit, Schritte des freien Willens und hinter mir doch noch ziemlich viel Staub, Unfertiges. Hier neue Räume in unserer Schule in Dachsberg und dort ein unendlich weiter Raum, in dem ich mich zu Fuß bewege. So viele Wege, Kilometer, Berge, Ebenen und ein Körper, der schon einmal deutlich trainierter war. Ich gehe, Schritt für Schritt, denke viel, noch ist es ein Wirrwarr.

Die Baustelle hätte ich irgendwie noch gern zu Ende gebracht, aber von Ferdinand Treml, dem Autor von *Der Pilgerweg nach Rom*, an dessen Route ich mich ab Innsbruck halten will, kam der Rat, Mitte August aufzubrechen, damit es vor Rom nicht zu kalt und zu nass wird.

Bevor ich weggehe, treffen wir uns um acht Uhr in der Kapelle, meine Mitbrüder und unsere Köchin Renate mit ihrem Mann und unserem Schulwart Bruno. Aufmunternde Worte gibt mir unser Rektor P. Hans Schurm mit: „Pilgern meint, Gott entgegengehen. Und: Gott ist der eigentliche Pilger, er möchte in die Herzen der Menschen." Das kann ein langer und mühsamer Weg sein. Ich bekomme den Reisesegen. Renate sagt mir noch: „Bitte, denk an uns!"

So machen wir uns auf den Weg, mein Rucksack und ich, vorbei am Friedensmahnmal unserer Schule, auf die Baustelle schaue ich nicht mehr. Eine Erinnerung an voriges Jahr kommt mir in den Sinn: Am 8. Mai hatte unsere gesamte Schulgemeinschaft im Gedenken an siebzig Jahre Frieden bemalte Steine beim Mahnmal abgelegt. Auf dem stählernen Mahnmal saßen vier Schüler: Xaver, Paul, Martin und Maxi. Sie trommelten gute fünf Meter über der Erde mit Hämmern einen Rhythmus, der bewegte. Im Echo klang es wie in Stahlgewittern. Ein symbolischer Akt mit achthundert jungen Menschen, der unter die Haut ging. Eine große Sehnsucht nach Frieden und Freiheit. Und irgendwie – beim Vorbeigehen – möchte ich alle achthundert und dazu unsere gut achtzig Lehrerinnen und Lehrer und unsere Angestellten, die gesamte Schule auf meinem Weg mitnehmen. In Gedanken sind sie mit dabei. Ich möchte auch für sie gehen, ich mag unsere Schule und all die Menschen, die hier aus- und eingehen, wir haben ein tolle Mannschaft.

Schnell gehe ich weiter.

8. Mai 2015 – „70 Jahre Frieden" Gedenkfeier beim Friedens-mahnmal unserer Schule

Ich beginne meinen Weg mit Dankbarkeit, dass mein Orden mir diese Auszeit ermöglicht und dass unser Administrator Hans Angleitner seinen Pensionsantritt aufschiebt und mich als Direktor vertritt. Das ist alles andere als eine Selbstver-ständlichkeit. Es ist schon ein großes Privileg, so viel Zeit zu bekommen. Zwei Monate liegen vor mir und ein Weg in die Ewige Stadt.

Nach zehn Kilometern frühstücke ich bei guten Freunden in Pollham. Maria, meine Hausärztin, feiert heute Geburts-tag, Wolfgang, ihr Mann, unterrichtet bei uns und ist Diakon. Zusammen mit ihrem ältesten Sohn Lukas begleiten sie mich ein Stück des Weges. Wir gehen gemeinsam bis Grieskirchen und dann noch einen Teil der St. Georgener Allee, bis sie kehrtmachen. Eine herzliche Umarmung, Menschen, die mir nahe sind!

Ich geh allein weiter. Nach ein paar Schritten bekomme ich nasse Augen. Was ist in mich gefahren? Allein nach Rom?

Zwei ziemlich gute Freunde. Maria und Wolfgang begleiten mich auf meiner ersten Etappe.

Irgendwie schmerzt jetzt schon mein Körper. Hab ich den Mund zu voll genommen? Ich weiß nicht, ob ich mein Vorhaben umsetzen kann. Es wird sehr schnell verdammt einsam. Aber die Einsamkeit suche ich halt auch. Immer wieder. Und doch ist in meinem Herzen eine Ursehnsucht, eine ganz große Bitte, dass niemand an Einsamkeit zu Grunde gehen muss. Einsamkeit – wenn dich niemand mehr braucht, sieht, anerkennt, wenn du das Gefühl hast, im Leben nicht mehr vorzukommen. Und wenn niemand dir gegenüber barmherzig ist.

Ich gehe im Jahr der Barmherzigkeit nach Rom, im Willen, auch darauf aufmerksam zu machen, es zu sagen, davon zu schreiben. Meine zwei T-Shirts habe ich beflockt mit dem Schriftzug *Jahr der Barmherzigkeit* und *Anno della Misericordia*. Ich möchte darauf hinweisen, dass ich für mehr Barmherzigkeit auf dieser Welt gehen möchte.

An einer kleinen Kapelle bleibe ich stehen. Eltern von Zwillingen haben sie gebaut, nachdem sie ihre jugendlichen Kinder in einer Silvesternacht verloren haben. Sie sind bei der Explosion eines selbstgebastelten Böllers ums Leben gekommen. Schon wird die Barmherzigkeit auf die Probe gestellt. Großartig die Eltern, dass sie die Kraft hatten, an diesem Ort des Sterbens eine Kapelle zu bauen, dass sie offensichtlich die Kraft hatten, das Schlimmste, das man sich vorstellen kann, in die Hände Gottes zu legen.

Ein paar Schritte weiter kommt mir Alois entgegen, ein Lehrerkollege und guter Freund. Er wird mich bis Weibern begleiten. Ich merke schon meine knapp zwanzig Kilometer in den Beinen. Er ist noch fit. Ich versuche, sein Tempo zu halten. Mir nur nichts anmerken zu lassen. Eigentlich ziemlich kindisch. Wir gehen noch gut fünfzehn Kilometer. Und weit und breit nichts zu trinken. Äußerst müde kommen wir in Weibern an. Ich gehe früh schlafen und im Bett liegend denke ich mir: „Wie kann ich ohne größeren Gesichtsverlust aus dem Unterfangen wieder aussteigen?" Vollkommen erledigt und mit Schmerzen liege ich im Bett, schlafe aber bald ein, freilich mit der Ungewissheit, wie das Unternehmen weitergehen soll.

Ich hab erstaunlich gut geschlafen, bin aber skeptisch aufgewacht. Silke, die Frau von Alois, hat meine Wäsche gewaschen und nach einem mehr als reichhaltigen Frühstück breche ich auf.

Es hat die Nacht über kräftig geregnet, jetzt fallen nur noch wenige Tropfen, die nicht stören. Bis Geboltskirchen gehe ich auf Asphalt, ehe es in den Kobernaußerwald geht. Mehr oder weniger zwei Tage geh ich im Wald, eigentlich bis Schneegattern. Der Wald macht das Gehen angenehm. Vom Regen kommen nur wenige Tropfen durch die fast dichten Baumkronen.

Mit dem Eintauchen in den Kobernaußerwald kommt etwas Ruhe in mein Gehen.

Mein rechter Schuh drückt beim Knöchel. Ich müsste mit der Ferse ein bisschen höher stehen und lege ein Taschentuch unter die Einlage meines Schuhs. Das hilft. Ich gehe bis Frankenburg und spüre, dass ich mich gestern, an meinem ersten Tag, überanstrengt habe.

Peter, ein alter Schulkollege, ruft mich an. Er wird mich am Abend in Frankenburg abholen, ich kann bei ihnen zuhause übernachten. In Frankenburg kehr ich beim Dorfwirt ein, bestell mir eine Leberknödelsuppe und schlafe umgehend am Gastzimmertisch sitzend ein. Der Wirt weckt mich freundlich, als er mit der Suppe kommt. Wie soll ich je in Rom ankommen? Peter holt mich. Redend kämpfe ich mit dem Schlaf. Jeder Gedanke fällt schwer. Eigentlich bin ich vollkommen kaputt. Ich schlafe tief, aber werde hin und wieder stark schwitzend wach. Nach einem guten Frühstück brechen wir auf. Peter wird ein paar Tage mitgehen. Seine Frau bringt uns zum Ausgangspunkt, zum Dorfwirt. Noch bin ich irgendwie nicht pilgernd unterwegs.

Pfongau, 22. August

Auch die dritte Nacht verbringe ich bei Bekannten, diesmal in Pfongau. Ein lustiger Abend mit Sandi, einer Lehrerin von uns, und ihrem Freund Maxi. Seine Eltern geben uns Quartier. War es bisher eher ein körperlicher Kampf, wird es jetzt besser.

Beeindruckend, welche Wege wir gehen. Nie hätte ich geglaubt, am Weg nach Salzburg so viele wunderschöne Wanderwege durch Wälder zu finden. Peter und ich reden am Weg nicht viel, vereinbaren auch, dass jeder in seinem Tempo geht, zum Reden gibt es abends genug Zeit. Der nächste Tag soll uns schon nach Salzburg bringen. Der Flachgau besticht durch seine Wiesen, die Bauern sind mit dem Heuen beschäftigt. Man sieht keinen einzigen Acker – nur Milchwirtschaft. Der Geruch des schön langsam zu Heu trocknenden Grases steigt in die Nase. Jeder Schritt eine Wonne. Sonnige Tage. Und plötzlich geht es sich leicht, ganz leicht.

Ein Kind fährt mit einem alten Steyr-Traktor, so wie ich sie aus meiner eigenen Kindheit kenne. Ein Schwader hängt an seinem Traktor, und der Junge, vielleicht zehn oder elf, arbeitet äußerst konzentriert. Er will nicht von der Fahrtrichtung abkommen, sondern alles Gras auch wirklich erwischen, damit es, vom Heuwender durch die Luft gewirbelt, schneller trocknet und zu Heu werden kann. Da darf nichts übersehen werden. In den Augen des Jungen merke ich, dass er ganz bei der Arbeit ist, da gibt es keinen Blick seitwärts auf irgendwelche Wanderer. Er steht fast auf dem Traktor, zum gemütlichen Sitzen keine Zeit. Am Ende der Mahd hebt er mit der Hydraulik den Schwader, kehrt um und lässt das Gerät wieder sanft auf der Wiese aufsitzen. Er scheint zufrieden mit seiner Arbeit, und es ist die Konzentration, die fasziniert. Eigentlich tolle Ferien, die er da erlebt. Keine Ablenkung. Kein Kopfhörer mit Musik, ein Ganz-bei-sich-Sein im Tun, kein Handy, das Stress erzeugt, auf irgendwelche nichtssagenden Postings antworten zu müssen. Er fährt mit seinem uralten Traktor und wendet das Gras. Das hat schon was.

Salzburg, 23. August

Wir wandern auf Salzburg zu, ich komme das erste Mal in meinem Leben nach Maria Plain, dem berühmten Salzburger Wallfahrtsort. Wir gehen dort durch die heilige Pforte, und dann ist in Salzburg der erste Weg zum Dom. Ich kann der Versuchung nicht widerstehen, verbotenerweise auf die Jedermann-Bühne zu steigen, einmal dort zu stehen, wo das Spiel vom Leben und Tod, von Macht und Gier und letztlich von Barmherzigkeit Jahr für Jahr den Mittelpunkt der Salzburger Festspiele bildet. Ich gehe in den Dom, setze mich ziemlich erschöpft in eine Bank. Hier sitze ich gut. Vier Tage sind es, seit ich weggegangen bin. Mit jedem Tag ist es besser geworden.

Festspielzeit ist eine teure Zeit in Salzburg. Hab kein Verlangen, länger zu bleiben. Schlängle mich durch die vor der Felsenreitschule ankommenden Gäste. Die Oper *Faust* wird gegeben. Irgendwie bin ich nicht passend gekleidet.

Am nächsten Tag gehen wir um sechs Uhr dreißig zur Frühmesse in den Dom, und sehr schnell liegt Salzburg hinter uns. In einer wunderbaren Landschaft überqueren wir bei Marzoll fast ungeahnt die Grenze, ein kurzes Verweilen in der Kirche und wir gehen auf schönen Wegen durch das kleine deutsche Eck.

Ein Traum wird wahr: einmal in Salzburg auf der Jedermann-Bühne stehen (freilich ohne Publikum)

Eine Etappe entlang der Saalach. Das Rauschen und Tosen des Wassers zeugen von der im Moment ruhenden Macht. Man sieht und hört, wozu Wasser fähig sein kann.
Ich finde eine Bank. Peter geht weiter.

Es ist ein Geschenk, hier zu sitzen, ein noch größeres Geschenk, von alldem, was einen durch den Alltag treibt, ablassen zu dürfen, vergessen zu dürfen. Einfach frei gehen. Mit jedem Schritt wird die Seele leichter, der Rucksack vielleicht schwerer und die Füße müder, aber es ist eine zufriedene Müdigkeit.

„Die Freiheit ist der kostbarste Teil des Menschen", sagt unser Ordensstifter, der heilige Franz von Sales. Dieser Satz steht in großen Lettern in der Mehrzweckhalle unserer Schule. Die große Sehnsucht des Menschen ist die Freiheit. Er möchte in der Freiheit zuhause sein und baut und baut, damit sein Zuhause endlich ein Zuhause wird. Und irgendwann ist er gefangen in seinem Zuhause, unfrei. All das Streben und

An der Saalach. Über Wochen werden mich fließende Gewässer begleiten. Beruhigend verändern und formen sie.

Mühen mit einer durchaus richtigen Absicht kann auch in ein Gefängnis führen. Lebendig eingemauert im so gut gemeinten Zuhause. Was bleibt, ist Gewohnheit. Die vertrauenslose Sorge um das Daheim-sein-Können kann uns Menschen zu Mauern werden lassen, zu Abkapslern, zu Menschen, die sich in der Gewohnheit einsperren und Heimat dazu sagen.

Gewohnheit macht müde, ja sie macht traurig, weil in der Gewohnheit die Chance, auf einen Gott, ich meine damit auf etwas Besonderes, auf etwas ganz Anderes, zu treffen, immer weniger wird. Und innerhalb dieser Mauern wird es immer enger, immer unfreier und trostloser.

Ich möchte gehen, damit alle diese Mauern fallen, damit alles, was mich gefangen nimmt und gefangen hält, sich öffnet, damit all das zusammenbricht, was nur mehr Gewohnheit ist und die Feigheit nährt. Ich möchte auf den Grund gehen, auch wenn manches dabei zugrunde geht. Ich möchte gehen, damit ich nach Hause komme, in eine Heimat ohne Mauern. In ein Haus ohne Ziegel. Ich möchte heimgehen. Im Gehen sesshaft werden. In der Ferne Rast erfahren. Im Gehen still werden. In der Stille gehen, auf den Grund kommen, dorthin, was mich ausmacht, was ich bin.

Im Gehen setze ich mich dem Wind aus, er soll all den Nebel, der meine Seele verdeckt, der das Bild von mir trübt, wegblasen. Vom Winde verweht sei all das Täuschende, all das Verschleiernde, das immer eine Entschuldigung vorgibt. Ich möchte ganz zu mir kommen und das dann auch aushalten. Im Gehen Wurzeln finden, Wurzeln, die Leben spenden. Gehen – das Wohl ergehen … Wohlergehen.

Meine Schultern schmerzen, Peter wird schon im Quartier sein. Wir werden uns dann etwas Gutes zu essen kaufen und morgen weitergehen. Mit Peter lässt sich gut reden. Es ist seine Herzlichkeit, die ihm auch der Beruf nicht hat nehmen können.

Rattenberg, 27. August

Peter hat sich heute verabschiedet und fährt von Wörgl aus wieder nach Hause. Er muss arbeiten, schwierige Entscheidungen stehen an. Intensive und lustige Gespräche haben die letzten Etappen verkürzt. Sein jüngerer Sohn Lukas ist vor einer Woche nach Armenien aufgebrochen, um dort an einer internationalen Schule zu maturieren. Er teilt sein Zimmer mit einem Iraker, einem Palästinenser und einem Jungen aus Burundi. Eine Herausforderung für einen 16-Jährigen. Schön, dass junge Menschen so mutig sein können.

Ich gehe allein weiter und merke, dass es zu zweit kurzweiliger und lustiger war. Bin nun mit mir selbst beschäftigt. Da zwickt's und dort drückt's. Fällt einem zu zweit kaum auf. Und doch: Mit jedem Schritt taucht man in eine neue Welt, mit je-

Kapellen am Weg – handfeste Zeichen gläubiger Menschen

dem Schritt ein Stück mehr Freiheit. Es ist ein besonderer Luxus, nicht mehr auf Anstehendes reagieren zu müssen. Wunderbar leicht. Ein weites Tal liegt vor mir, Wiesen, und immer wieder künden Kirchtürme von Menschen, die fest glaubten, unser Leben sei in Gottes Hand. Glücklich, wer dieses Vertrauen aufbringen kann. Ich danke für meinen Glauben. Und doch: Dieser Gott? Wer ist er? Was ist es? Gott, das vollkommen Andere – oder doch nur eine Projektion meiner Sehnsüchte? Ein Abtauchen in virtuelle Welten?

Wattens, 28. August

In Schwaz gehe ich an einer ehemaligen Kaserne vorbei, in der Asylanten untergebracht sind. Die Realität hat mich wieder. Auf der Stiege zum Kaserneneingang sitzt ein kleines Kind, die Mutter kniet davor und bindet ihm die Schuhe. Zwei ganz jun-

Die ehemalige Kaserne in Schwaz dient als Asylantenheim.

ge Mädchen stehen daneben, halten sich die Hand und warten geduldig darauf, dass sie losgehen können. Wohin gehen sie? Wohin dürfen, können oder müssen sie gehen? Zwischen ihnen und mir ist der alte Kasernenzaun, oben mit Stacheldraht. Ich winke ihnen, die beiden Mädchen winken mit der jeweils freien Hand zaghaft zurück, mit der anderen halten sie sich weiterhin fest. Fremde beherbergen – ein Werk der Barmherzigkeit. Und ich denke mir: Es ist nicht schwer fortzugehen, wenn man weiß, wo man zuhause ist.

Dass Gehen so spannend, so ergreifend, so befreiend sein kann, habe ich mir nie gedacht.

Ich freu mich, dass mein Körper, außer an den ersten beiden Tagen, eigentlich recht brav mittut. So geht's dahin, ich vergesse die Anzeichen eines möglichen Schmerzes und tauche irgendwie ein in die zarte Wildheit der Tiroler Weiden. Die vielen Rinder lassen mich zurückgehen in meine Kindheit

Rinder auf der Weide: ein Blick in meine Kindheit, ein Verweilen in Vertrautheit

auf unseren Bauernhof im Innviertel. Eine sehr angenehme Erinnerung mit vielen, vielen Geschichten, unaufgeregt, eigentlich alltäglich, aber tief im Herzen verwurzelt, weil genau diese Geschichten mich lehrten, dem Leben zu trauen und keine Angst vor dem Fremden zu haben.

Meistens war es im Frühjahr, da kamen immer wieder die Zigeuner, anfangs noch mit Pferdefuhrwerken, später mit Traktoren und Anhängern, gleich Planwägen – schließlich mit Wohnwägen. Ich hatte immer ein wenig Angst. Sie sollen doch kleine Kinder verschleppen, hatte mir einmal eine Tante gesagt. Aber mein Vater hieß sie herzlich willkommen auf unserem Hof. Und im Schutz meines Vaters wurden sie mir vertraut mit ihren fremden, von der Natur gezeichneten Gesichtern.

Ich wurde nicht verschleppt, und wir hatten ganz besondere Nachmittage und Abende. Sie schliffen unsere Messer, löteten leckes Geschirr und abends musizierten und sangen sie. Bei uns am Hof wurde eigentlich nie gesungen. Nur am Heiligen

Abend vor dem Christbaum eine schreckliche Strophe, hin und wieder auch zwei oder drei von *Stille Nacht, heilige Nacht*.

Es tat weh, das hörte ich und schwieg, weil ich auch nicht imstande gewesen wäre, den Gesang auf eine hörerträgliche Ebene zu heben.

Die Zigeuner aber sangen, sie sangen richtig, und sie sangen, auch wenn nicht Weihnachten war, und das war dann eigentlich wie Weihnachten, etwas Besonderes, etwas Erhellendes auf unserem Hof.

Irgendwann aber blieben sie aus. Die Bettelleute kamen noch länger. Auch sie bekamen ein Quartier und aßen mit uns an einem Tisch. Manche durften auch in der Stube schlafen, auf dem Sofa, das Vater fast täglich, unmittelbar nach dem Mittagessen, für sich beanspruchte, so wie den Platz beim Kachelofen im Wirtshaus neben der Kirche. Ich hörte den Bettelleuten gerne zu. Die meisten waren begeisterte Erzähler. Und in ihren Erzählungen begannen Wirklichkeit und Vorstellung, Tatsache und Traum miteinander zu verschmelzen. In ihrer Begeisterung, wie sie erzählten, vergaßen sie ihre Mittellosigkeit. Sie waren bescheidene Vagabunden, angenehme Landstreicher, gefüllt mit Geschichten, mit denen sie ihr Leben zu meistern versuchten. Für die Bettler war unser Hof immer offen. Mein Vater mochte das Andere, er mochte die Minderheiten, er als einfacher Bauer liebte das Fremde.

Unter seinem Bett hatte mein Vater viele Bücher in einer riesigen Schachtel gehortet. Er hatte die Bücher, wie er mir erzählte, allesamt als Jugendlicher gelesen, als er Schafe gehütet hatte.

Ich weiß es nicht, ob er vom Lesen seine Größe und Weite für andere Kulturen und Bräuche, für das Fremde bekommen hat.

Ich weiß es nicht, aber ich glaube es.

Vor dem Fremden hat er sich nie gefürchtet, er hat es geschätzt. Und er war interessiert.

Innsbruck, 29. August

Gegen Mittag erreiche ich am zehnten Tag meines Pilgerweges Innsbruck, kann dem Regen gerade noch entkommen. Auf den dreihundert bisher gegangenen Kilometern ist die Sonne mein ständiger Begleiter gewesen, und ich weiß das zu schätzen. Je länger ich gehe, desto mehr bin ich von dem naturbelassenen Weg beeindruckt. Ein leichtes Gehen entlang tosender Flüsse und eines ruhigen Inns.

Stundenlang bin ich entlang der Saalach gewandert, durch Schluchten, durch Wiesen und Wälder. In Lofer hat der Loferbach die Saalach abgelöst. Und höchster Respekt unseren Bauern gegenüber! Seit Schneegattern sah ich nur noch Wiesen, erst in Brixlegg kam das erste Maisfeld. Sehr viel ist manuell zu tun. Ist der Hang noch so steil, er wird gemäht und oft hilft die gesamte Familie, damit das gemähte Gras den Hang hinunter gerecht werden kann.

In Innsbruck treffe ich einen guten Freund, Herbert, er zeigt mir den Dom. Genau dort begegne ich den Werken der Barmherzigkeit, besser gesagt einer Neuinterpretation des emeritierten Bischofs von Erfurt, Joachim Wanke, und seiner Diözese. Auf Schautafeln sind die Werke der Barmherzigkeit nach Wanke im Dom verteilt, sieben existentielle Sätze:

Du gehörst dazu.
Ich höre dir zu.
Ich rede gut über dich.
Ich gehe ein Stück mit dir.
Ich teile mit dir.
Ich besuche dich.
Ich bete für dich.

Vill, eine Rokokokirche am Fuße des Patscherkofels. Meine Begleiter nehmen Platz. Ein besonderer Ort zum Verweilen.

Diese Sätze sollten mich bis Rom begleiten. Damit hatte ich nicht gerechnet, aber im Laufe des Weges wurden gerade diese Aussagen für mich immer wichtiger. Für unser Leben ganz Wesentliches wird in diesen sehr einfachen Sätzen gesagt: Es geht um Wertschätzung. Es geht um Menschlichkeit. Sie gehört zum Wesen des Menschseins. Unmenschlichkeit widerspricht dem Menschsein. Wohin also laufen wir in dieser Welt, wenn die Menschlichkeit auf der Strecke bleibt?

Ich gehe ein Stück mit dir. – Gerade in den ersten Tagen meines Weges war ich sehr froh, dass immer wieder Menschen, Freunde mit mir gegangen sind. Freilich, jeder muss selbst den Weg gehen, das Leben meistern, aber wenn dich hin und wieder jemand begleitet, dich ernst nimmt, mit dir geht, dann geht es sich ganz einfach leichter.

Claudia, ein deutsches Mädchen, ist mit ihrer Freundin am Jakobsweg unterwegs. Claudia hat Auto gestoppt, weil sie mit ihrer Freundin nicht Schritt halten kann. Sie seien die besten

Freundinnen, haben aber nie zuvor über ihr Tempo gesprochen. Claudia will zehn und ihre Freundin Lydia will dreißig
Kilometer am Tag gehen. So geht sie zehn und macht den Rest
per Anhalter. Abends sehen sie sich wieder.

Unterschiedliche Geschwindigkeiten können einem ganz
schön zusetzen. Unterschiedliche Geschwindigkeiten über-
fordern. Auf Dauer kann kein Mensch die Geschwindigkeit
eines anderen, die nicht seine ist, gehen, noch weniger leben.
Da brauchen wir uns nichts vorzumachen. Es ist der Rhythmus, der im Leben gefunden werden will, mein Herzschlag,
nach dem sich auch meine Schritte richten.

Ich darf von niemandem verlangen, meine Schrittlänge
und meine Schrittzahl zu gehen. Es muss möglich sein, dass
alle ihre Geschwindigkeit gehen dürfen. Und es muss möglich
sein, dass wir uns trotzdem treffen – vielleicht muss ich Auto
stoppen, vielleicht auch warten. Beziehung heißt auch: immer
wieder aufeinander warten, voller Sehnsucht oder voller Geduld warten.

Ich habe begonnen, unterwegs viel zu beten, nicht weil ich
ein fleißiger Beter werden will. Im Rosenkranz finde ich einen
Rhythmus zum Gehen. Oft sind es nicht zehn Ave Maria,
sondern zwanzig oder dreißig, bis ich wieder ein Gesätzchen
beende. Im Beten nehme ich den Rhythmus meines Gehens
auf und bin vielen Menschen sehr nah, weiß viele in meiner
Nähe.

Morgens, wenn ich zu gehen beginne und die Sonne aufge-
gangen ist, geht mein Schatten – drohend lang – mir voraus.
Egal, wie schnell und weit ich gehe, er wird immer kürzer, bis
ich ihn einhole und hinter mir lasse. Abhängen kann ich ihn
leider nicht – oder Gott sei Dank nicht.

2. Teil

Du gehörst dazu

Wiltener Basilika. Am Fuß des Bergisels ein Gerüst Gottes.

St. Michael bei Pfons, 30. August

Am Morgen verlasse ich spät, erst nach acht Uhr, Innsbruck, besuche auf dem Weg zum Bergisel die Wiltener Basilika, die innen eingerüstet ist. Die Fresken sind trotzdem zum Teil sichtbar. Die Kirche – ein „Gerüst Gottes", ist sie noch Steighilfe, um nach oben zu kommen oder dorthin zu kommen, wo Sinnerfahrung das Leben begleitet?

Die Sprungschanze drängt mich aufzubrechen. Ich mache den Umweg zum Bergisel, das GPS wird mich dann schon wieder einen guten Anschluss an meinen „richtigen" Weg finden lassen. Schnell bin ich oben und mach vor dem Eingang ein paar Fotos von der imposanten Sprunganlage. Zeit, reinzugehen, nach oben zu fahren und beim Anlauf einen Kaffee zu trinken, bleibt nicht. Zudem strömt eine Menge Touristen zum Sprungturm hinauf. Beeindruckend, was sich die Skispringer da zutrauen.

Der Bergisel mit der berühmten Sprungschanze. Nimmt man Anlauf, springt man fast bis Wilten.

Weiter geht's am Denkmal von Andreas Hofer vorbei; umgeben von Adlern, die geradezu nach Freiheit lechzen, suche ich Anschluss an meinen Weg, kämpfe mich durch sehr unwegsames Gebiet, bis ich merke: Ich muss hinunter in die Sillschlucht und dort einen Steg finden, nur so kann ich zur anderen Seite des Tals gelangen. Ich muss lernen, auf der Landkarte auch die Höhenlinien mitzudenken. Aber es ist ein besonderer Weg, vermutlich ist da jahrelang kaum jemand gegangen, man bräuchte ein Buschmesser, um besser voranzukommen.

Irgendwann bin ich dann doch auf meinem Weg und folge ihm. Das sind so Augenblicke, da ich sehr froh bin, nach GPS-Tracks zu gehen. Das GPS zeigt sehr genau, wo man ist, wo man steht, wo man geht. Und irgendwie wünsche ich mir für mein Leben so klare GPS-Signale, die mir sagen: Hier stehst du und dorthin gehst du, weil genau das dein Weg ist. Aber leider gibt mir mein Gott keine so klaren Zeichen und Impulse. Trotzdem merke ich in diesen Tagen ganz besonders seine Nähe, eine Nähe, in der aber sehr viel offen ist – und das ist vielleicht doch gescheiter als ein alles vorgebendes NAVI. Es geht nicht um ein blindes Folgen eines eingebildeten Weges, um einen unbarmherzigen Plan, der immer nur vorgibt und nie nachgibt, ein Laufen um Zahlen. Den Koordinaten entsprechend, damit das Ergebnis eingefahren wird.

Heute erlebe ich die erste richtige Bergetappe mit mehr als tausend Höhenmetern. Ein schönes Gehen, das Wetter macht gut mit, und am Nachmittag zeigt sich so richtig die Sonne. Es geht hinauf auf gut tausendzweihundert Meter Seehöhe.

In Patsch treffe ich eine ältere Frau, die sich über ihre Elektrosense ärgert, da das Seil immer rausspringt. Sie bemerkt mich erst spät, und als ich sie grüße, entschuldigt sie sich gleich bei mir für ihren Ärger, den sie lautstark kundgetan hat. Ich muss schmunzeln. Eine edle Person. Es entsteht ein schönes Gespräch über Arbeit und Heimat. Sie sei sehr gerne hier, auch wenn alles ein wenig beschwerlich zum Erhalten sei. Aber es sei schon die Anstrengung, damit dieser Flecken zu ihrer Heimat werde, mit der sie zutiefst verbunden sei, meint sie.

Ein Falke steht im Rüttelflug über seinem Opfer, ändert nur geringfügig seine Position, bevor er noch einmal kurz in der Luft stehen bleibt, um im Sturzflug zur Erde zu sausen. Er verschwindet in einer kleinen Mulde, und ich kann ihn für Augenblicke nicht sehen. Nach wenigen Schritten rückt er wieder in mein Blickfeld: Er steigt mühsam auf, kann aber nicht an Höhe gewinnen und sucht im Tiefflug auf dem Steher eines Zaunes Sicherheit. Ich kann nicht erkennen, wie erfolgreich seine Jagd war.

Kleestangen, auch „Kleehifeln" genannt. Längst außer Dienst, eine Kindheitserinnerung und ein Kruzifix als Wegweiser.

Kurz vor dem Etappenziel kommt mir ein riesiger Geländewagen mit einem Viehanhänger entgegen: Ich kann gerade noch zur Seite springen, hab aber das Gefühl, dass er noch mehr beschleunigt, und husche irgendwie auf die Böschung. Es war mehr als knapp. Ich blicke hinterher, der Viehanhänger war leer. Sitzt der Ochs etwa am Steuer?

Im Bildungshaus St. Michael in Pfons finde ich Unterkunft, meine letzte in Österreich.

Morgen werde ich aufbrechen, um nach Italien zu kommen, werde hoffentlich den Brenner erreichen und dann vielleicht noch ein paar Kilometer weitergehen. Ich bleibe noch lange im Garten sitzen und schaue über die Tiroler Wälder in die Weite. Hinter mir liegt ein schattiger Anstieg in einem schönen Mischwald, durch den immer wieder die Sonne durchzwinkert.

Gossensass, 31. August

Die heutige Etappe bringt mich über die Grenze nach Italien. Ich gehe am Morgen mit einer Sicherheit in die falsche Richtung, dass ich von mir selbst beeindruckt bin. Es ging ordentlich bergab, also muss ich nach dem Umkehren ebenso ordentlich wieder bergauf. So, jetzt versuche, nicht sauer auf dich zu sein, du musst ja schließlich wieder einen ganzen Tag mit dir gehen!

Nach einer halben Stunde bin ich wieder an meinem Ausgangspunkt. Wenn man's als Morgengymnastik sieht, kann es jetzt also wirklich losgehen. Ich habe ja die digitale Karte mit dem exakten Pfeil als Wegweiser, der immer genau an der Stelle steht, an der man ist. Man sollte aber auch auf die Karte schauen! Ungeheuerlich, mit welchem Elan man in die falsche Richtung gehen kann.

Es atmet sich aber gut und leicht, wenn die Sonne scheint.

Nach intensiven Anstiegen geht es genauso flott wieder bergab, und ich weiß, dass jeder Meter bergab irgendwann wieder bergauf gehen muss.

Ein Kind kommt mir mit dem Fahrrad den Berg herauf entgegen. In Serpentinen fahrend versucht der Junge, dem Berg die Steilheit zu nehmen. Von weitem hör ich seinen freundlichen Gruß, den ich erwidere. „Ist es anstrengend da rauf?", frage ich etwas naiv. „'s got scho", sprudelt es aus seinem Mund, „'s got guat!" Und mit einem Lächeln voller Mut radelt er in großer Lockerheit an mir vorbei. So wird der eindeutige Wille der Tiroler gebildet und trainiert. Zudem merke ich in Tirol, dass auf die Frage nach dem Weg immer zur Antwort kommt: „Ollwei gradaus!"

„Geradeaus!" und „Es geht gut!" Die beiden Prämissen der Tiroler sind ja eigentlich äußerst nachahmenswert.

Der Grenzstein am Brenner. Daumen hoch und „Ciao bella Italia".

„'s got guat!", hat der Junge gesagt und ist zielstrebig weitergeradelt. Da gab es kein schnaufendes Jammern, sondern nur den Tritt ins Pedal. Pure Lebensfreude.

Und dann noch das „Geradeaus!" Wenn ich einen Wegverlauf erkläre, wird es meist kompliziert. Mit „Geradeaus!" gibt dir der Tiroler die Frage zurück und sagt dir: „Geh, wohin du schaust, dann ist das immer ein Geradeaus." Wichtig ist also die Frage: „Wohin schaue ich?"

Ziemlich stolz überquere ich den Brenner, geh noch neun Kilometer weiter bis nach Gossensass und bestelle im Gasthaus eine Forelle, die ein bisschen überkräutert im Magen liegt.

Neustift, 1. September

Meine dreizehnte Etappe hatte es in sich. Ich hatte laufend Telefonate zu führen, die Baustelle zuhause betreffend. Ich bin schon gut fünfundzwanzig Kilometer unterwegs, da ist auf einmal der Weg abgesperrt. Ich schmuggle mich an der Absperrung vorbei, denn ich will nicht zurück. In der engen Schlucht zwischen Berg und Eisack gibt es nur diesen Weg und die Eisenbahn. Ich müsste einige Kilometer zurück, um über eine Brücke auf die andere Talseite zu gelangen. So ignoriere ich die Absperrung und gehe weiter. Ein Vermessungstechniker gibt mir auf Italienisch zu bedenken, dass ich Acht geben soll, und winkt mich weiter. Erleichtert gehe ich. Es ist abgeschlossenes Gelände, Baustelle für den Brenner-Basis-Tunnel. Der Tunnel soll von Innsbruck bis Franzensfeste reichen und wird an die fünfundsechzig Kilometer lang sein. Ich gehe nicht lange, und ziemlich vehement weist mich ein Vorarbeiter zurück. Da gibt es kein Weiter. Er spricht nur Italienisch. Sein Telefon läutet. Während er telefoniert, fordert er wild gestikulierend meine Umkehr. Aber ich für mich denke, dass ich keinen einzigen Schritt zurückgehen will. Er versteht mich nicht. Ich versuche es auf Englisch. Keine Chance. Ich deute auf meine Füße und erkläre ihm, dass ich eigentlich völlig kaputt sei. Wieder weist er auf das Verbotsschild hin. Plötzlich sieht er auf mein T-Shirt, auf dem auch auf Italienisch „Jahr der Barmherzigkeit" steht: „Anno della Misericordia", und ich weiß: Jetzt habe ich gewonnen. Noch einmal deutet er kurz, dass ich zurückgehen soll, dann aber läuft er weg, gibt mir ein Zeichen, ihm zu folgen, schimpft und meckert, bis wir bei seinem Baustellenfahrzeug sind, Stöcke und Rucksack kommen auf die Ladefläche, er öffnet mir die Beifahrertür, gibt mir ein Zeichen einzusteigen und bringt mich aus dem vermeintlichen Gefahrenbereich. Als wir die

Kloster Neustift, Augustiner-Chorherren. Das größte Kloster Tirols.

Fernstraße erreichen, ein ruckartiges Bremsen. Aussteigen. Er hievt noch meinen Rucksack von der Ladefläche, ich sag ihm: „Mille grazie, ciao!" Er brummt: „Anno della Misericordia!" und fährt zur Baustelle zurück.

In Franzensfeste gibt es kein Quartier, ich gehe noch einmal gut sechs Kilometer, bis ich an diesem Tag fast vierzig Kilometer erreiche, und bekomme dann ein wunderbares Zimmer. Ich esse gut und geh früh schlafen.

Bozen, 4. September

Heute schenke ich mir nach vierhundertfünfzig intensiven Kilometern in Bozen einen Ruhetag. Ich trödle durch die Stadt. Es ist ein neues Gefühl, keine geplante Route gehen zu müssen, einfach ein wenig flanieren. Und im Innern doch immer

Universität Bozen. Constantin, einer unserer Absolventen, nutzte hier die seltene Gelegenheit zum „Studium Generale".

wieder der Drang, irgendwohin gehen zu müssen. Komisch, irgendwie kann ich „meinen Motor" nicht abstellen.

Ich setz mich auf eine Bank vor der Universität Bozen, die in der vorlesungsfreien Zeit wie ausgestorben daliegt. Drei Jugendliche treffen einander, setzen sich auf die Bank mir gegenüber. Zwei beginnen, eine Zigarette zu rauchen. Sie sind noch keine geübten Raucher, nein, sie sind auch noch viel zu jung, zumindest sehen sie noch wie Kinder aus. Ich bin zu feige, sie anzusprechen. Schließlich bringen sie auch den Dritten dazu, dass er sich eine Zigarette anzündet. Zaghaft zieht er an und pafft den Rauch sehr schnell wieder aus.

Du gehörst dazu, hieß es in der Neuinterpretation der Werke der Barmherzigkeit von Bischof Wanke. Ja, was muss man nicht alles tun, um dazuzugehören, um zu gefallen. Umgekehrt ist das Gefühl dazuzugehören vermutlich das Größte, was einem Menschen widerfahren kann.

Von einem Menschen zu hören: „Du gehörst dazu", schafft Nähe, stiftet Vertrauen, lässt atmen. Dieses Gefühl dazuzugehören ist letztlich lebensnotwendig, es stiftet Sinn. „Du gehörst nicht dazu", heißt, am Rande zu stehen, ständig den Stress zu haben, sich irgendwie beweisen zu müssen, sich vielleicht zu verstellen, um doch dazuzugehören. Also raucht er eine mit.

Nicht dazugehören heißt, der großen Gefahr ausgeliefert zu sein, durch den Rost zu fallen. Nicht vorzukommen auf dieser Welt ist die schlimmste Erfahrung. Es ist tiefste Einsamkeit und dunkelste Nacht. Jeder Mensch braucht Menschen, es müssen nicht viele sein, aber ein paar wenige, denen er vertrauen kann, braucht jeder. Dazwischen gibt es wirklich nichts.

Die drei Jungs dämpfen die Zigaretten, zur Hälfte geraucht, aus, steigen auf ihre Fahrräder und sind weg.

Ich bleibe noch ein wenig sitzen vor der „Freien Universität Bozen" und hänge meinen Gedanken nach. Der Zugang zur Bildung muss frei sein. Ein wichtiges und wesentliches Gebot. Bildung meint, dass ich befähigt bin, mich mit einem Weltbild, einem Menschenbild, auch mit einem Gottesbild auseinanderzusetzen. Wer bin ich? „Ich rufe dich bei deinem Namen", lässt Jesaja Gott sagen. „Dich mit Namen rufen" meint etwas ganz Konkretes, etwas Einmaliges.

Dieser Name ist nicht einfach austauschbar. Jeder Mensch ist einzigartig. Das dürfen wir nicht vergessen. Kein Individuum ist ersetzbar oder x-beliebig, kein Mensch reagiert nach klar definierten biochemischen Vorgängen gemäß irgendwelcher Algorithmen. Wir sind mehr als Datenverarbeitung. In jedem von uns liegt etwas Einmaliges.

Diese Einmaligkeit ist unsere Chance, gleichzeitig aber auch unsere Gefahr. Gefahr deswegen, weil wir Individualität sehr schnell mit Egozentrismus verwechseln. Aber auch meine Mitmenschen sind einmalig und dieselben wunderbaren Menschen wie ich.

Ich brauche meinen Selbstwert nicht über Rankings und Vergleiche definieren. Ich bin nicht wertvoll, weil ich irgendwo besser bin als andere. Ich bin wertvoll. Das genügt. Ich bin nicht wertvoll um des Funktionieren willens.

Mein Wert ist meine Würde, und die habe ich von Gott – so war lange Zeit unser Glaube. Nun gerät aber dieser Gott immer mehr in Vergessenheit, und wir bekommen mit dem *Wertvoll-Sein* einen ziemlichen Stress. Irgendwie beobachte ich, dass mit dem Verschwinden Gottes auch das Ich, das Einzigartige der Menschen verschwindet. Vieles wird künstlicher, wird berechnender aus Angst, nicht dazuzugehören. *Man* verstellt sich, *man* will ja gefallen, *man* will dabei sein, *man* muss immer mehr sein. Wenn aus ich *man* wird, haben wir verloren. Dieses *Man* scheint mir aber der Gott der neuen Gegenwart zu sein: erfolgreich, datenorientiert und unpersönlich.

Kurtatsch, 5. September

Nach einem Ruhetag ist es gar nicht so einfach, wieder den Rhythmus zu finden. Zunächst ist es noch ziemlich bewölkt. Im Laufe des Tages wird es aber immer wärmer, und ich habe das Gefühl, ein bisschen kämpfen zu müssen. Immer wieder geht es in den Weinbergen hinauf, dann wieder hinunter. Sigmundskron wird beinahe umrundet. Die Burgruine, ein Museum von Reinhold Messner. Vor einigen Jahren war ich mit guten Freunden mit dem Fahrrad hier und habe an einem lauen Sommerabend einem Vortrag von Messner unter freiem Himmel gelauscht. Ich erinnere mich an ein Wort, das hängen geblieben ist: „Wie hoch ein Berg ist, weißt du erst, wenn du ihn bestiegen hast."

Girlan. „Die Wege den Wanderern, die Trauben den Bauern."

Zwischen Weinbergen und Apfelplantagen geht es zum Kalterer See. Ich lese ein Schild: „Die Wege den Wanderern, die Trauben den Bauern." Ich vergreife mich an keiner einzigen Traube und gehe noch eine Weile, bis ich bei einer älteren Frau ein wunderbares Quartier bekomme. Sie sagte mir: „Morgen wirst du Südtirol verlassen, pass auf dein Geld auf, denn dann wird nur mehr gestohlen." Gott sei Dank sollten die Diebe ausbleiben. Ich bin bis Rom nur ehrlichen Leuten begegnet.

Luise war in ihrer Jugend eine Schönheit. Sie zeigt mir ihre Bilder, die sie im Gang zu den Zimmern hängen hat. Eigentlich wollte ich unter die Dusche …, aber sie erklärt mir ein Foto nach dem anderen. Luise stand immer auf der obersten Stufe des Podestes. Ich zähle nicht, wie oft sie Misswahlen gewonnen hat. Nun ist sie alt, was manche Schönheit nennen, hat sie abgelegt, aber sie ist mit ihrer Jugendzeit im Einklang und erzählt gern von der Schönheit früherer Tage.

Ich höre dir zu – ein Werk der Barmherzigkeit. Da ist viel verlangt.

Ein Problem unserer Zeit ist, dass sich viele nur selbst hören wollen. Das geht auch mir manchmal so: Ich versuche zuzuhören, aber sehr schnell assoziiere ich in meine eigene Lebenswelt hinein. Ich kreise um mich, erzähle, das Gehörte scheinbar aufnehmend, nur von mir, von meinem eigenen Erleben, meinem eigenen Leid, meiner eigenen Freude. Der Gesprächspartner liefert oft nur das Stichwort, um dann von mir selbst zu erzählen. Einfach zuhören ist nicht einfach.

Ich höre dir zu, heißt, Zeit haben, sich selbst herausnehmen, nicht sich selbst denken, sondern sich auf den anderen einlassen. Es ist eine Form der Empathie: Ich nehme dich ernst in dem, was du bist und was du sagst. Zuhören heißt ernst nehmen. Es geht nicht darum, was ich antworte, es genügt da zu sein, reden und ausreden zu lassen. Es geht nicht ums Interpretieren, auch nicht darum, das Gesagte mit eigenen Beispielen zu belegen, sondern ums Ermutigen, alles, wirklich alles zu sagen. *Ich höre dir zu.* – Höre ich dir zu?

Trient, 6. September

Mehr als fünfhundert Kilometer bin ich nun zu Fuß unterwegs und habe heute das deutschsprachige Gebiet verlassen. An der Salurner Klause endet Südtirol. Über zwei Wochen war ich in Tirol unterwegs, meist durch enge Täler, fast immer an Flüssen. Fließendes Gewässer hält dich wach, macht dich klar, und vieles wird rein. Immer wieder verspürte ich die Lust, in dieses Wasser zu steigen, was man aber als Wanderer, so sagte man mir, nicht unbedingt tun solle. Nasse Füße förderten Blasen, und die möchte ich mir auch weiterhin ersparen. Im Gehen schaute ich oft mehr ins Wasser als auf den Weg. Man-

Alles fließt. Vom Brenner bis Bozen hat mich der Eisack begleitet, seither die Etsch.

che Flüsse kamen mir entgegen, wie der Inn; der Eisack und die Etsch hingegen begleiteten mich – freilich gingen wir nicht im Gleichschritt, das Wasser war meist um eine kleine Spur schneller. Es ist beruhigender, *mit* dem Wasser zu gehen, als wenn einem der Fluss entgegenkommt.

Alles fließt, sagt der griechische Philosoph Heraklit. Und ich erlebe auf dieser Pilgerreise Momente, in denen ich nichts mehr festhalten will. Es kommt, es geht, und es ist gut, wie es ist. Wie viel will ich immer wieder festhalten im Leben, es möge doch so bleiben, wie es ist. Allein der Energieaufwand, alles beim Alten lassen zu wollen, ist so aufwändig, dass das Alte nicht mehr das Gewohnte ist. Das Wasser fließt, und wenn es ihm zu eng wird, tritt es über die Ufer, gnadenlos. Da gibt es kein Für-Gewöhnlich.

So erlebte ich irgendwie auch die Tiroler, wohl wissend, dass das jetzt eine nicht ganz gültige Verallgemeinerung ist. Es ist ein Volk, das immer wieder aus den Ufern steigt, wie auch die Geschichte es zeigt, wie die Geschichte mit diesem Volk auch immer wieder spielt und wie während des ganzen Weges immer wieder auch bezeugt wird: am Pass Stub, am Bergisel mit seinen zahlreichen Schlachten, in Sterzing, in Brixen. Immer wieder zeugen Denkmäler von Freiheitskämpfen, und meist ist dabei ein Adler abgebildet. Es ist der Drang nach Freiheit, gegen Unterdrückung, der Kampf für Selbstbestimmung. Der Adler ist dafür das große Symbol, fast immer dargestellt im Abflug, im Augenblick des letzten Bodenkontaktes, und man sieht und spürt die Kraft, hinter der ein nicht zu bändigender Wille steht. Da geht es um Leben und Tod, da gibt es kein Klein-Beigeben, es gibt nur Abheben oder Aufgeben. Es ist für mich auch die Bewegung, die dich aus der Enge mancher Täler himmelwärts treibt, zum Flug in ungeahnte Höhen. Mit den Flügeln der Freiheit entgegen. Dieselbe Gewalt, die – wie das Wasser des Eisacks sich durch so manche Talenge quält – laut und nicht zu bändigen ist. Es ist kein romantisches Sehnen nach Freiheit, es ist die Urkraft des Lebens, die der Enge zu entfliehen sucht. Vielleicht ein Instinkt, den die Diplomatie des Bequemen, des Sich-Richtens kaputt gemacht hat.

„'s got guat!", an diese Aussage des Tiroler Buben denke ich oft, vor allem dann, wenn der Weg anstrengend und meine Füße müde werden. Den eigenen Körper spüren, ihn an Grenzen führen und dabei danken können, dass das alles möglich ist, das ist im Moment mein wirklich größtes Geschenk. Dadurch, dass ich von der Früh bis zum späten Nachmittag im Freien zu Fuß unterwegs bin, lehrt mich die Natur wieder ein bisschen mehr, mich an ihren Gesetzen zu orientieren, sie zeigt eigentlich den Weg zur Freiheit.

Ich gehe in die Kathedrale von Trient und tauche in ein mystisches Licht. Seltsam, ich bekomme nasse Augen, bin ange-

Kathedrale von Trient. Man muss sich umdrehen, um das Licht zu sehen.

tan von so viel Ruhe. Mitte des 16. Jahrhunderts wollte das Tridentinische Konzil Antworten finden und geben auf die Herausforderung, die Martin Luther der Kirche richtigerweise gestellt hat. Der Ablasshandel wurde endgültig eingestellt. Höchste Zeit.

Der Sakristan reinigt die Kathedrale. Ich zeige ihm meinen Pilgerausweis und bitte um einen Stempel. Er nimmt mich mit in die Sakristei und holt einen ehrwürdigen Stempel hervor. Er sucht in einer der unzähligen Schubladen noch ein Bild vom heiligen Vigilius, dem Patron der Kathedrale, und schenkt es mir mit dem Hinweis: „Vigilius beschützt dich und wird dich sicher nach Rom geleiten."

Ich setze mich in die hinterste Reihe und irgendwie atme ich die ganze Geschichte, Leid und Freud, denke an viele und bete für sie. Ich bin denen nahe, die es nicht einfach haben, denen die Geschichte nicht so mitspielt, wie man es sich wünscht, an die,

die kämpfen und leiden, an die, die nicht auf die Butterseite des Lebens gefallen sind. Wie geht das, hinter all dem Leid doch das immer Größere, Positivere zu sehen, das von Viktor Frankl geprägte „Trotzdem Ja zum Leben sagen" zu können. Wie kommt dieser Optimismus? Von hinten kommt das meiste Licht in die Kathedrale. Vielleicht muss man sich einfach umdrehen, um ins Licht schauen zu können, oder ein Stück zurückgehen. Das Leid wird vermutlich nicht weniger, aber schon die neue Blickrichtung kann meine Lebensperspektive ändern.

Vor dem Haupteingang beobachte ich eine Gruppe junger Damen, von denen eine offensichtlich die Diplomprüfung bestanden hat. Sie hält eine Urkunde und einen Blumenstrauß in den Händen, trägt ein schlichtes, anmutiges schwarzes Kleid und lächelt in die Kamera, zwei Freundinnen nehmen sie in die Mitte. Ein Skater fährt zwischen ihnen und der Kamera durchs Bild, gibt mit beiden Händen ein Victory-Zeichen in die Linse und grinst. Noch einmal werden ein paar Fotos gemacht. Dann dreht sich die junge Dame mit dem Diplom um, schaut zum Haupteingang der Kathedrale, verneigt sich und geht.

Am Levicosee, 7. September

Bin am Morgen noch einmal in die Kathedrale und habe die Laudes mitgefeiert. Die eher älteren Dompröpste sind noch sehr gut bei Stimme. Der schöne Gesang begleitet mich. Gleich geht es mit einem Anstieg los. Der Handlauf der Stiege spiegelt das Licht der aufgehenden Sonne wider. Auf halber Höhe zum Passo Cimirlo bieten drei Kinder Nektarinen an. Sehen sie Autos kommen, machen sie einen derartigen Krach, dass die Autos stehen bleiben. Über das Seitenfenster wird eingekauft. Ein Junge mit Weihnachtsmütze sieht mich kommen. Mit mir haben sie eher Mitleid. Er sagt zu mir, eine

Drei lustige Kinder gestalten ihre Sommerferien.

Nektarine sei gratis, von Pilgern verlangen sie nichts. Ich gebe ihm einen Euro, und die Freude war groß. „Danke", sagt er, „danke, mein Herr!"

Ich gehe durch viel Wald, schöne Hohlwege. Nach dem Pass geht's wieder bergab durch Obstplantagen und Weingärten, bis ich am Levicosee eine kleine Pause mache. Die Touristen sind alle weg. Es ist ruhig geworden. Hier ließe sich gut Urlaub machen. Ich setze mich ans Ufer des Sees, hol mir ein Sandwich aus dem Rucksack. Eine mitleiderregende Ente humpelt zu mir, lässt sich direkt zu meinen Füßen nieder, lehnt sich am Schuh etwas an. Sie scheint mit Menschen sehr vertraut und auf Almosen angewiesen zu sein. So teile ich mit ihr mein Sandwich. In kleinen Stücken schnappt sie nach dem Brot. Sie hat Probleme mit dem Schlucken, würgt es aber schlussendlich hinunter. Vollkommen geschafft versucht sie zum Wasser zu kommen. Es sieht nicht gut aus.

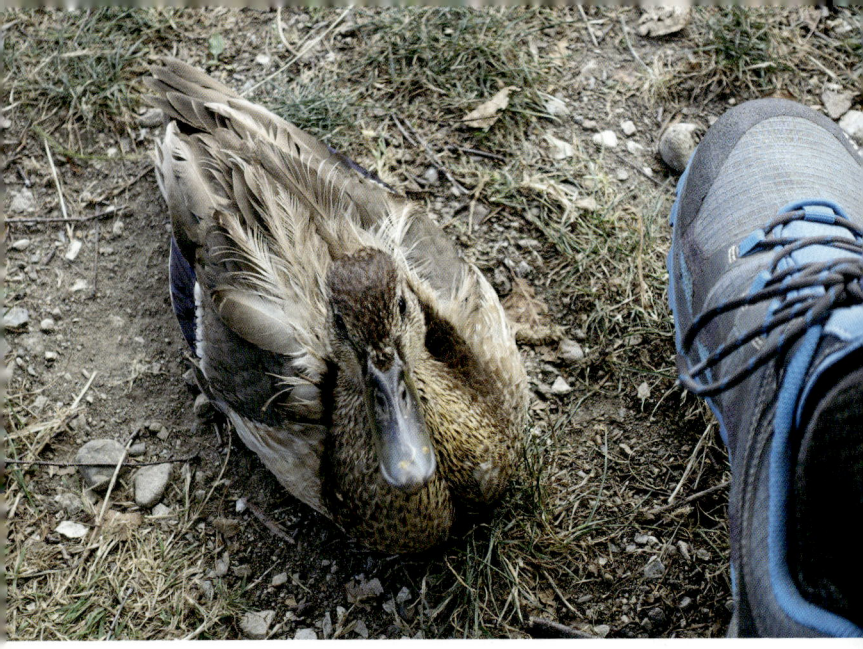

Die gezeichnete Ente und mein Fuß gönnen sich eine Pause.

Eigentlich wollte ich mir hier in der Nähe ein Quartier suchen, aber ich beschließe, noch eine kurze Etappe anzuhängen und bis Borgo Valsugana zu gehen. Dieser Weg zieht sich, zwar wunderschön, aber weiter als gedacht.

San Gaetano, 8. September

Es gibt Tage, da bin ich unterwegs wie von einer Tarantel gestochen, so, als wäre ich auf der Flucht, als hätte ich die Zimmerrechnung nicht bezahlt. Oder war es der schlechte Schlaf letzte Nacht beziehungsweise das unerwartete Hindernis in den neuen Tag hinein, als in meinem Mansardenzimmer ein gewaltiger Pfosten des Dachstuhls meinem Kopf im Wege stand. Ich weiß nicht warum, aber ich eile getrieben durch die Gegend, entlang eines Bächleins, das eigentlich beruhigen müsste. Bin gestern knapp 40 Kilometer gegangen, vermutlich kann man irgendwann nicht mehr aufhören zu gehen. Nein, heute geht es nicht mehr so weit.

Ein älteres Ehepaar kommt mir entgegen. Die Frau liest offensichtlich auf meinem T-Shirt die deutsche Version *Jahr der Barmherzigkeit* und fragt mich: „Deutscher?"

Um es zu präzisieren, sage ich: „Österreicher."

„Wohin gehen Sie?"

„Nach Rom!"

„Oh mein Gott!", war ihre Reaktion, „geht niemand mit Ihnen? Sind Sie ganz allein?"

„Ja, ich gehe allein. Nein, Gott geht mit mir", antworte ich und zeige euphorisch nach oben.

Sie lächelt ganz mild und wünscht mir alles Gute.

Wie ausgewechselt gehe ich weiter. Nichts treibt mich mehr. Bei der nächsten Bank mache ich Rast und frage mich: „Wie kann ich sagen: ‚Gott begleitet mich!'? Ist doch ein wenig vermessen. Wenn Gott, und das glaube ich fest, uns die Freiheit gibt, dann muss er selbst doch mindestens so frei sein. Und vielleicht nimmt er sich heute die Freiheit, mich nicht zu begleiten. Na ja. Nein, insgeheim weiß ich, dass er sich für die Begleitung entscheidet. Alles andere wäre ja nicht er. Gott entscheidet sich immer für die Menschen, auch wenn wir seine Wege mit uns oft nicht verstehen. Freilich alles Glaube und Hoffnung, alles virtuelle Welt, aber ich liebe diesen Glauben, weil er meiner realen Welt so guttut und sie hin und wieder wohltuend vermischt. Mache noch einen Schluck aus meiner Trinkflasche, denke kurz an unsere Baustelle zuhause, in der Hoffnung, dass alles bis Schulbeginn fertig wird, und gehe irgendwie ohne Eile meinem Tagesziel Primolano entgegen – weniger als 100 Kilometer von Padua entfernt.

Entlang der Brenta der Sonne entgegen. Es wird eine lange Etappe.

In Primolano sollte die Etappe enden, ich hab das Trentino verlassen und bin nun im Veneto, in einem ganz engen Tal entlang der Brenta. Da steht kein Haus, nur Eisenbahn und Schnellstraße und ein schmaler Radweg, auf dem ich gehe. Einmal tut sich das Tal ein wenig auf, Primolano, da sollte es ein Quartier geben. Geschlossen. Auf Urlaub! Nach zirka zwei Kilometern soll es Quartier geben. Ich gehe und wieder kein Quartier. Dieses Tal ist auf Urlaub. Ich gehe und gehe und sehe auf meiner Karte, dass es in einigen Kilometern eine Fußgängerbrücke über die Brenta gibt – mit Restaurant und Herberge. *Albergo Post* steht als Wegweiser. Wieder zwei Kilometer. Glück gehabt, freue ich mich. Aber die Freude ist nur von kurzer Dauer. Wieder geschlossen.

Anstatt der geplanten sechsundzwanzig gehe ich heute dreiundvierzig Kilometer, bis ich bei einem Künstler ein Quartier finde. Zur Begrüßung bekomme ich von dessen Eltern ein

Glas Wein. Der Vater des Künstlers spricht gut Deutsch und schwärmt vom Münchner Oktoberfest, schenkt sich noch ein Glas Wein ein, während ich nach einem ziemlich nahrungslosen Tag nur in kleinen Schlucken trinke. Nachdem ich mein Zimmer bezogen habe, gehe ich noch gut einen Kilometer in ein kleines Restaurant. Und irgendwie fällt mir sogar das Aufwickeln der Spaghetti schwer, so schwer, als wären meine Hände gegangen.

San Martino di Lupari, 9. September

Es gibt Tage, da kommt genau das, was man erwartet, aber nicht will, dass es irgendwann kommen wird: Geschlossene Herbergen verlängern die Etappe, viel Asphalt, verbunden mit fast hautnahem Schwerverkehr. Die Sonne zeigt noch einmal ihre ganze Kraft. Gut, Sonne ist immer besser als Regen. Dann: endlose Geraden. Mit dem heutigen Tag haben die Mühen der Po-Ebene begonnen. Der erste Teil der Etappe war noch schön, entlang der Brenta, die ein kleines Stück auch Grenzfluss war zu Zeiten der österreichisch-ungarischen Monarchie. Ein wunderschön schattiger Pfad. Noch einmal ein einladendes Tal mit Wiesen, ein sattes Grün, Obst und Wein. Das Wasser gibt der Luft Frische. In Bassano del Grappa endet aber abrupt das Tal und alles, was einem Schatten gönnt. Entlang von zahlreichen Bewässerungskanälen wurden schmale Straßen errichtet: Einen Kilometer geradeaus, dann ein bisschen, fast unmerklich rechts und wieder ein bis zwei Kilometer geradeaus, dann links und wieder wie gehabt. So geht das beinahe in Endlosschleife.

Gerade bei der gestrigen Etappe, die unfreiwillig statt sechsundzwanzig Kilometer mehr als vierzig betragen hat, bis ich

Bassano del Grappa, auf dem berühmten, von Andrea Palladio entworfenen „Ponte degli Alpini". Der Beginn der Po-Ebene.

ein Quartier gefunden habe, war ich stark mit Licht und Schatten beschäftigt. Am Morgen zu gehen ist immer ein besonderes Schauspiel: Licht und Schatten, sie nähren sich gegenseitig, das eine gibt's ohne das andere nicht. Erst der Schatten gibt dem Licht die Konturen, das Gesicht. Wenn die Sonne frühmorgens als Streiflicht den Tag anbrechen und jeden Grashalm glänzen und glitzern lässt und die Halme längere Schatten geben, als sie groß sind, wenn dazu die Frische des vollen Atems dem Leben ganz klare Klarheit gibt, dann stehst du da, vor dir dein eigener Schatten, ewig lang und all die Gegensätze, die gestern noch gekämpft haben, werden eins. Da sind die Länge der Etappe und der kommende Asphalt samt Verkehrslärm völlig nebensächlich. Das eine muss kommen, damit das andere wirken kann. Licht und Schatten gehören zusammen. Definitiv. Und im Gehen merke ich, dass für mich als Pilger Glauben und Suchen genauso zusammengehören.

Ich kann nicht einfach nur sagen: Ich glaube an Gott und basta, nein, hinter dem Glauben ist immer ein Suchen, ein Suchen nach Licht, ein Suchen nach Leben. Glauben und Suchen sind wie Schwester und Bruder.

Papst Franziskus hat letzten Sonntag Mutter Teresa heiliggesprochen und diese Heiligsprechung als den Höhepunkt im Jahr der Barmherzigkeit bezeichnet. Sie war eine Frau, die aus dem Glauben heraus den Ärmsten unter den Armen Würde gegeben hat. Und sie selbst war als Glaubende immer wieder getrieben von einer Gottesfinsternis. Ich denke, der Glaube lebt vom Suchen. Wer zu suchen aufgehört hat, hat zu glauben aufgehört. Licht und Schatten, Glauben und Suchen.

Sehr beeindruckend erlebe ich dieses Wechselspiel in den Kirchen, die ich besuche. Im Vorbeigehen lasse ich keine aus, so sie offen sind. Ein kurzes Gebet, ein Denken und Beten für Menschen, die mir nahe sind, für die ich auch ein bisschen Verantwortung in der Schule habe. Immer wieder unsere Schulgemeinschaft und viele einzelne Gesichter daraus – viele lustige, aber auch weinende und zweifelnde, Gesichter mit einprägsamen Augen, mit Augen, die dich ansehen, ganz offen. „Sich aufeinander verlassen zu können" lese ich als großen Wunsch aus vielen dieser Gesichter in unserer Schule, denen ich täglich begegne, Lehrer wie Schüler. „Ich kann mich auf dich verlassen" hat ganz viel mit Treue zu tun. Ein altes, verstaubtes Wort, aber die Erfahrung von Treue schenkt Sicherheit.

Camposampiero, 9. September

Mit Camposampiero beginnt der Antoniusweg. In ganz grellem Licht gehe ich in die Kirche Santuario della Visione. Dort wird es angenehm kühl, und das Licht, das durch die Fenster kommt, schenkt eine eigene Stimmung. Ich bin allein in der Kirche. Setze mich und, obwohl ich heute noch bis Padua gehen möchte, bin ich von einer eigenartigen Ruhe umgeben. Ich bleibe lange sitzen.

Treue!? Wem bin ich wie lange treu? Ich bin nun sechsunddreißig Jahre in unserem Orden. Ist das treu? Oder: Bin ich so lange im Orden aus Treue?

Meine Mutter, mein Vater waren sehr treue Menschen. Diese gefühlte und erlebte Treue schenkte mir unsagbares Vertrauen, Vertrauen, das mir bis heute Leben schenkt. Treue, es ist das Wissen, dass jemand für mich da ist, egal was passiert. Und das lässt leben, das schenkt Mut.

Ich merke, mein Weg ist kein Weg in die Zukunft. Eigentlich beschäftigt mich zeitlebens die Zukunft, mich schert Vergangenes nur sehr bedingt und im Jetzt zu leben vermag ich kaum, wenn ich es mir auch noch so wünschte. Die liebsten Gespräche für mich sind immer Planungsgespräche. Was tun wir? Wie tun wir es? Nächtelang konnte ich mit guten Freunden oder mit Mitbrüdern Zukunft entwickeln – und es war nicht nur Gerede, sondern vieles wurde dann auch umgesetzt. Nun, am Weg nach Rom beginnt plötzlich eine andere Sicht. Mit jedem Schritt gehe ich irgendwie zurück in meine Jugendzeit, in meine Kindheit, zurück zu meiner Familie, ein Weg zurück nach innen, dorthin, wo ich einmal zuhause war. Eigentlich wollte ich gehen, um zu wissen und zu entscheiden, was ich mit meinem restlichen Leben anstellen soll. Nun bringt mich der Weg zurück in meine Kindheit auf unseren Bauernhof in Oberösterreich.

Der Blick zurück ist natürlich immer verklärt. Seltsam, aber der Weg nach Rom – so trage ich im Moment das Gefühl in mir – bringt mich zurück nach Hause. „Ich geh dann mal heim." Nicht: „Ich bin dann mal weg."

Mein Vater wurde, als ich fünf war, ganz plötzlich Bürgermeister, sein Vorgänger war unerwartet verstorben, und ich erinnere mich, dass einige Männer gekommen sind – sie sind draußen im Hof stehen geblieben und ich bei ihnen, bis mich mein Vater weggeschickt hat. Ich beobachtete vom Stallfenster aus und merkte, das war etwas sehr Ernsthaftes, so ernsthaft, dass man nicht einmal die Zeit fand, in die Stube zu gehen, sich niederzusetzen und am Tisch all das auszureden. Es dauerte nicht sehr lange, dann war mein Vater Bürgermeister. Ich war stolz, er nicht. Irgendwie habe ich da so ein besorgtes Gesicht von meinem Vater gespeichert, ein Gesicht, in dem sich Treue mit Schmerz vermengt, ein Gesicht, das ich später noch öfter gesehen habe, immer dann, wenn er nicht gleich wusste, was zu tun sei. Mein Vater war ein Mann der Tat. Er entschied sehr schnell und stand zu seinen Entscheidungen. Nur hin und wieder, wenn etwas ganz anders kam, als er es sich vorstellte, war sein Gesicht mit dieser Sorge gezeichnet. Aber genau da, wenn dieses Gesicht Unsicherheit zeigte, war er mir besonders nahe, weil ich da insgeheim merkte, er kann auch zögern, er kann auch nachdenklich werden.

Mein Vater war sehr lange Bürgermeister. Er hat nie viel geredet. Eigentlich hat er entschieden. Er war nie ein Politiker des Wortes, fand für mich aber die liebevollsten Worte, die ein Vater nur finden konnte. Nachdem ich in der Schule einmal kläglich versagte, fürchtete ich mich vor seiner zu erwartenden Schelte. Aber als er mich im Internat abholte, kam keine Klage, sondern er legte – was er vorher nie getan hatte – seinen Arm mit der riesigen Hand um meine Schulter, drückte mich kurz gegen seine Brust und sagte ganz lapidar: „Nächstes Mal machst du's besser!" Ich wollte, seine Hand wär länger auf meiner Schulter gelegen.

Padua, 11. September

Gestern, relativ spät, komme ich nach achtunddreißig Kilometern pfeilgerader Strecke, die immer entlang eines Kanals führt, in Padua an. *Ultimo Cammino* wird diese Etappe auch genannt. Für den sterbenden Antonius war es sein letzter Weg, den ihn seine Mitbrüder auf einem Karren gefahren haben. In Padua siehst du dann den Dom, und die ganzen Strapazen der heißen, schattenlosen Etappe sind vergessen. Komisch, es ist ein Ankommen der besonderen Art, die unterschiedlichsten Stile des Doms und die byzantinischen Türme laden dich ein einzukehren.

Den heiligen Antonius mag ich, weil er der absolute Lieblingsheilige meiner Mutter gewesen ist. Sie hat vieles verlegt, mit einem Gebet zum Heiligen aber sofort wieder gefunden. Am Sonntag gehe ich am Morgen in den Dom zum Gottesdienst, der stündlich angeboten wird. Mit dem Schlusssegen wechseln beinahe fliegend die Gottesdienstbesucher. Und stündlich ist der Dom übervoll. Beeindruckend, wie viele Menschen die Messe besuchen, mitfeiern und nicht einfach nur schnell den Dom besichtigen. Der Dom gehört in Padua tatsächlich den Messbesuchern und nicht den Touristen, die natürlich auch dabei sind, aber mitfeiern.

Heute wurde das Evangelium vom „verlorenen Sohn" oder besser vom „barmherzigen Vater" vorgetragen, eine meiner Lieblingsstellen aus der Heiligen Schrift. Da ist sie wieder, diese Barmherzigkeit, die mich am Weg begleitet, die wir so notwendig brauchen und die wir uns immer wieder schenken können, wenn wir es nur wollen. Es sind die offenen Arme

Padua. 666 Kilometer liegen hinter mir.
Ein bisschen stolz stehe ich vor dem beeindruckenden Dom.

eines barmherzigen Vaters, einer barmherzigen Mutter, in die der verloren geglaubte Mensch, der, der Mist gebaut hat, kommen darf. Die Arme offen halten. Es geht nicht um eiskalte Abrechnung. Nirgends!

Zur Gabenbereitung hat eine Frau mitten im männerdominierten Altarraum so in sich ruhend *Ave Maria* gesungen, dass im riesigen Dom irgendwann nur mehr ihre Stimme war. In diese Stille hinein denke ich an unsere Schule. Morgen beginnt ein neues Schuljahr. Eigentlich wäre ich gern dabei. Ich wünschte, es wird ein „Schuljahr der Barmherzigkeit". Ich wünsche mir Barmherzigkeit in den Begegnungen, offene Arme wie im heutigen Evangelium, offene Augen, dass wir aufeinander schauen. Barmherzigkeit meint einen herzlichen Umgang miteinander, ein Aufeinander-Hören, ein Gefühl und Erleben der Dazugehörigkeit. Das meine ich mit „Schuljahr der Barmherzigkeit", ein Jahr, das geprägt ist von Redlichkeit – redlicher Herzlichkeit, ein Jahr, das uns ermuntert, Herz zu zeigen.

Morgen gehe ich weiter auf meinem Pilgerweg nach Rom und werde vor allem an die Neuen in unserer Schulgemeinschaft denken: Kinder, Jugendliche, Lehrerinnen und Lehrer, Eltern.

3. Teil

Ich höre dir zu

Boara Pisani, 12. September

Hab mir gestern noch einen Platz in einem Restaurant unmittelbar neben dem Dom gesucht, um den Übergang vom Tag zur Nacht zu erleben. Die untergehende Sonne tauchte den Dom in ein mildes Licht, das sich dann durch das künstliche Licht in eine Inszenierung steigerte, die dem Dom die alleinige Präsenz verlieh. Man sitzt, genießt gutes italienisches Essen und schaut auf das Haus Gottes. Das sind besondere Tage.

Bevor ich heute früh aufbrach, bin ich noch einmal in den Dom gegangen. Es wird gerade Gottesdienst gefeiert, ich komme zur Wandlung, dem zentralen Ereignis einer Messfeier. Da muss ich an eine Tante denken, meine Taufpatin. Sie sagte mir einmal – ich weiß, es ist ein sehr kindlicher Gedanke: „Immer wenn der Priester bei der Wandlung die Hostie und den Kelch hebt, mach die Augen zu und alles, was du dir wünschst, geht in Erfüllung." Offensichtlich ist das wie mit den Sternschnuppen. In diesem kindlichen Glauben lebe ich noch immer, freilich nicht in der realen Welt. Vieles geht in Erfüllung, vieles auch nicht. Vermutlich habe ich da meine Augen zu wenig geschlossen …

Wandlung. Ich für mich weiß, dass bei jeder Messfeier der wirklich mystische Moment die Wandlung ist. Von vielen nicht mehr wahrgenommen, nicht mehr zugänglich. Schade. Es ist die Wandlung, die das Besondere ist, aus Brot und Wein wird Leben, volles Leben, Leben mit Fleisch und Blut.

Ich gehe in den neuen Tag mit dem Wunsch der Wandlung in mir. Padua habe ich viel schneller verlassen, als ich hineingekommen bin.

Die Ferienzeit ist vorbei. Auch in Venetien beginnt an diesem Montag die Schule wie bei uns zuhause. Ist die Baustelle rechtzeitig abgeschlossen worden? Hoffentlich werden die neuen Räumlichkeiten angenommen.

Heute wird es noch einmal richtig heiß, kein Schatten und wieder ein Kampf um das Quartier. Ich bin auf einem Autobahnzubringer, der mich zu einem Hotel bringt, offenbar die einzige Möglichkeit für heute Abend. Dort angekommen schreibe ich einen Brief an den Papst, besser gesagt an die päpstliche Präfektur und lege dar, warum ich im Rahmen einer Generalaudienz Papst Franziskus direkt treffen möchte.

Ich schreibe:

Liebe Mitbrüder!
Seit 20. August bin ich, P. Ferdinand Karer, Oblate des hl. Franz von Sales, als Pilger zu Fuß unterwegs, um im Jahr der Barmherzigkeit den Weg von unserer katholischen Privatschule Dachsberg, Oberösterreich, nach Rom zu gehen. Mein Ziel ist, durch die Hl. Pforte des Petersdoms in diesem Hl. Jahr zu gehen. Am Samstag, 10. 9. habe ich auf diesem beeindruckenden Pilgerweg Padua erreicht.
Ich bin seit 15 Jahren Direktor am Ordensgymnasium Dachsberg, in dem 793 Schülerinnen und Schüler von 83 Lehrerinnen und Lehrern unterrichtet werden. Ich habe unserer Schulgemeinschaft, bevor ich meine Pilgerreise begonnen hatte, gesagt, dass ich all die Anliegen und Sorgen mitnehmen möchte auf diesem Weg der Barmherzigkeit. So wäre es ohne Zweifel ein ganz großer Höhepunkt am Ende meines Pilgerweges, der mich über 1500 Kilometer nach Rom bringt, Papst Franziskus zu treffen. Es wäre für mich eine ganz große Ehre, wenn dieser Wunsch in Erfüllung gehen könnte. Seit 28 Jahren bin ich Ordenspriester und immer im Bereich der Jugendarbeit und in der Schule tätig. Mein Orden hat mir diesen Weg der Besinnung und des Pilgerns ermöglicht, und ich bin sehr dankbar, dass ich diese Zeit bekomme. Ich möchte für ein bisschen mehr Barmherzigkeit auf dieser Welt gehen. An unserem Gymnasium wurden im Laufe des Hl. Jahres zahlreiche Aktivitäten durchgeführt, in denen Barmherzigkeit spürbar wurde. Es

Am Po. Die Sonne vertreibt die Nebel der Niederungen der letzten Tage.

gibt an unserer Schule ein besonderes Engagement für Flüchtlinge. Zudem wurde als Symbol von einer Schulklasse eine große Kerze der Barmherzigkeit gestaltet, die in unserer Schulkapelle bei besonderen Anlässen immer wieder entzündet wird.
Es wäre für mein priesterliches Leben ein besonderes Geschenk, dem Hl. Vater begegnen zu dürfen, weil er für mich durch und durch ein ganz großes Vorbild ist, und ich von ihm und seinen Aussagen unserer Jugend viel erzähle.

Mit der Bitte um Ermöglichung einer Begegnung verbleibe ich mit brüderlichen Grüßen
P. Ferdinand Karer, Direktor am Gymnasium Dachsberg

PS: Da ich unterwegs diesen Brief schreibe und nicht ausdrucken kann, kann ich leider den Brief nicht mit Handschrift unterschreiben.

Ferrara, Castello Estense. Eine italienische Stadt atmet österreichische Geschichte.

Ich schlafe ganz schlecht in dieser Nacht. Die Wege der letzten Tage waren mühsam: immer geradeaus, zum Großteil abgeerntete Maisfelder und unendliches Hundegebell. Eine äußerst zersiedelte Gegend. Und bei jedem Haus sitzt im Garten ein bellendes Ungetüm.

Ferrara, 14. September

Heute ging ich erstmals bei Nebel und angenehmen Temperaturen weg Richtung Ferrara. Da freu ich mich auf den Dom. Bald lichtet sich der Nebel, und als ich den Po überquere, kann man das Wasser schön langsam erahnen. Die Sonne kämpft sich durch und sorgt sehr rasch für klare Verhältnisse. Sie spiegelt sich im bräunlichen Wasser, zeigt ihre volle Kraft. Lange Zeit gehe ich dem Po entlang, der mir sehr ruhig entgegenfließt. Wieder einmal ein leichtes Gehen. Keine Sorge um ein Quartier, ich habe in Ferrara bereits gebucht.

Bald quere ich die alte Stadtmauer und gehe in einer fürstlichen Allee auf das Castello d'Este zu, dann um die Ecke und eigentlich sollte der Dom auftauchen. Ja, und da ist er, aber die Fassade ist zur Gänze eingerüstet. Dafür bekomme ich im Innenraum die schönsten Lichtspiele präsentiert, die mich einfach niedersetzen lassen, in Ferrara ankommen lassen. Ein guter Ort. Ich sitze und bleibe.

Im Gottesdienst vor einigen Tagen ist mir ein Satz, der unmittelbar vor der Kommunion gesprochen wird und den ich zigtausendmal und öfter gehört und gebetet habe, hängen geblieben: „Herr, ich bin nicht würdig, dass du eingehst unter mein Dach, aber sprich nur ein Wort, so wird meine Seele gesund."

Gott kehrt bei mir ein. Er kommt zu mir unter mein Dach, er besucht mich, er kommt zu mir nach Hause. Das ist eigentlich die Botschaft von Weihnachten. Gott wird Mensch, kommt zu uns, kehrt als Mensch bei uns ein. Einkehr. Ich brauch ihm nicht nachzulaufen. Warum gehe ich eigentlich auf Pilgerreise? Er kommt doch. Er kommt, auch wenn ich nicht würdig bin. Würdig sein? Natürlich sind wir mit Würde ausgestattet. Würde muss aber auch immer wieder gegeben werden, muss immer wieder in Erinnerung gerufen werden. Es ist dieses eine Wort, das jeder von uns so bitter notwendig hat: „Du bist wertvoll. Du bist ein würdiger Mensch. Du bist eine ganz Liebe / du bist ein Lieber" – oder wie immer das ausgedrückt wird. Was jeder von uns braucht, ist Wertschätzung.

Dort, wo ich mich als wertvoll erfahre, dort ist meine Seele gesund, weil genau in diesen Erfahrungen Gott unter meinem Dach, in meiner Seele wohnt. Dieser Wert ist natürlich durch mein Menschsein, durch mein Geschöpfsein an sich gegeben. Wir Menschen bekommen unseren Wert nicht erst durch unser Tun. Aber dieser Wert kann sehr schnell in der Geschäftigkeit der Welt untergehen. Dieser Wert muss immer wieder kommuniziert werden. Wir Menschen brauchen diese gegenseitige Anerkennung, dieses Wort. Wer das nicht gesagt bekommt und im Leben nicht erfährt, glaubt irgendwann tatsächlich, unwürdig, nichts wert oder nutzlos zu sein.

Vor vielen, vielen Jahren habe ich einmal ein Kind unterrichtet, das am Beginn der Unterrichtsstunde im Mistkübel gesessen war. Auf die Frage, warum er dort sitze, sagte mir der Bub, er sei ohnehin nutzlos, Abfall, zum Wegwerfen. Was ist da alles passiert, wenn ein Kind sich so wahrnimmt? Dass sich Menschen als wertvoll erleben, ist nicht von sich aus gegeben. Dieser Wert muss immer wieder gesagt, gezeigt und auch mitgelebt werden. Das Sagen allein ist oft zu wenig, kann auch zur Floskel werden. Es geht auch darum, dass gespürt wird. Dass ich wertvoll bin, spüre ich dann, wenn ich im Leben eine Rolle spiele, wenn mir auch Verantwortung übertragen wird, wenn mir gesagt wird: „Das kannst du!" Und nicht: „Lass mich, das kannst du nicht."

Es ist dieses eine Wort, von dem vor der Kommunion die Rede ist, das Fleisch werden muss. Wenn ich einem Menschen diesen Wert zuerkenne, muss dieser Mensch auch ernst genommen werden, alles andere wären wieder Seifenblasen, die dann zerplatzen, wenn zwischen Wort und Tat die Kluft zu groß wird, wenn hinter dem gesprochenen Wort kein Leben kommt.

Von Jesus heißt es im Johannesevangelium, dass das Wort Fleisch geworden ist. Das Wort wird greifbar, angreifbar.

„Herr, sprich nur ein Wort" ist dieser sehnsuchtsvolle Satz eines Menschen, der nach Anerkennung hungert.

Darin liegt die große Herausforderung für die Familien und für die gesamte Gesellschaft. Es geht um gegenseitige Wertschätzung.

Ich verlasse die Kirche, geh in eine Bar, die fast leer ist, bestell mir ein Glas Wein. Es ist ein ganz großes Geschenk, was ich hier erleben darf. Es ist die Freiheit im Denken, im Denken der schönsten Farben. Schön langsam füllt sich das Lokal. Champions League, natürlich helfe ich zu Juve.

Bologna, 16. September

Der heutige Tag bringt mich nach Bologna und über die Achthundert-Kilometer-Marke hinaus, gut die Hälfte ist geschafft. Ich freue mich zunächst über den bewölkten Himmel. Schön langsam geht die Po-Ebene dem Ende zu, bis sie mich mit ordentlichem Regen waschelnass endgültig ziehen lässt. Im heutigen Gehen, das mich nach langen Kilometern vollkommen flach und schnurgerade im ewigen Trott des gleichen Schrittes ans Ziel führt, bin ich mit den letzten Tagen beschäftigt. Die Po-Ebene hat mir so manche Gelassenheit gelehrt oder eben gezeigt, dass ich an meiner Gelassenheit noch ein klein wenig zu arbeiten habe. Große Hitze, absolut null Schatten und abends, wenn du einfach ein Quartier willst, stehst du vor verschlossenen Türen. Gut, und heute am Ende des Tages durch und durch nass.

Viele Quartiere – so viele gibt es auf diesem Abschnitt nicht – haben offensichtlich nach der Urlaubszeit geschlossen. Ich könnte natürlich auch im Vorfeld anrufen, aber dieses Ungewisse hat doch seinen Reiz, und ich weiß oft auch nicht, wie weit ich gehen möchte oder kann. Vorgestern dachte ich, jetzt muss ich mir einen Stadl suchen. Ein Verkäufer im Zeitungskiosk aber gab mir einen Tipp, und ich ging noch zusätzliche vier Kilometer in eine Richtung, die so überhaupt nicht zu meiner Strecke passte, aber mit der Hoffnung, einen Platz zu finden. Und ich bekam Quartier, daneben eine kleine Pizzeria, nur ein bisschen laut, weil der gesamte Fernverkehr sich durchwälzte.

In der Pizzeria fragte ich auf Englisch, ob sie einen Tisch für mich hätten. Die Kellnerin schaut auf mein T-Shirt. „Du kannst eh Deutsch mit mir reden." Sie lächelt. „Was meint der Aufdruck auf deinem T-Shirt?", fragt sie mich, bevor sie mir einen Tisch anbietet.

Ich erzähle ihr, dass ich von Österreich aus nach Rom unterwegs bin und dass wir zurzeit das „Jahr der Barmherzigkeit" haben. Wieder lacht sie ein wenig, gibt mir Platz und bringt mir dann eine Pizza, die aussieht, als befände sich das gesamte Leben eines Meeres auf dem großartig dünnen Pizzateig. Ich habe den Tag über kaum gegessen, nur geschwitzt, oft gehadert und mich über die unendlich bellenden Hunde geärgert. Der Abend wird zum Glücksbringer. Ich genieße jeden Bissen, da gehört einem das Leben wieder.

Es sind wenig Leute im Lokal, und dann fragt mich die Kellnerin, ob sie sich kurz an meinen Tisch setzen könne. Sehr gerne, es ist doch schön, wieder einmal in der Muttersprache reden zu können. Sie komme aus Zürich und arbeite heute erst den dritten Tag hier. Sie spricht mich noch einmal auf das T-Shirt an.

„Ja, ich möchte für etwas mehr Barmherzigkeit auf dieser Welt den Weg von Österreich nach Rom, also gut 1500 Kilometer gehen. Unsere Welt muss im Umgang miteinander barmherziger werden."

„Frommer Wunsch", knallt sie mir im schweizerischen Dialekt entgegen, „entschuldige, aber was willst du damit bewirken?"

Sehr direkt!, denke ich mir. „Genau das, was eben jetzt geschieht. Wir beide reden über Barmherzigkeit. Es geht auch um ein Bewusstwerden."

Wir müssen uns wieder unserer Menschlichkeit bewusst werden. Es geht um Bewusstsein, nicht um billige Schlauheit und abgebrühte Cleverness. Wir saßen noch lange in einem sehr persönlichen Gespräch, das weit in ihre Kindheit zurückging, über ihre schwierige, unmögliche, menschenzerstörende Situation in Zürich, die ihr sehr schnell ihre gesamte Kindheit nahm, über den Grund, warum sie nach Italien mitten aufs Land abgehauen ist und hier arbeitet. Sie hat mit der Kirche nichts am Hut, und doch treffe ich an diesem Abend eine junge Frau voller Sehnsucht nach einem Gott, voller Sehnsucht nach Barmherzigkeit und vollen Willens, in diesem Leben mitgestalten zu dürfen. Ich höre ihr lange mit großer Betroffenheit zu. Irgendwie haben's manche besonders schwer. Und manche trifft's immer wieder.

„Ich habe noch nie mit jemandem so viel über Gott und Kirche geredet", sagt sie, als ich gehen will. „Wie heißt du?"

„Ferdinand."

Sie lacht. „Der Mann meiner Mutter heißt auch Ferdinand."

„Also, dein Vater!"

„Nein, mein Vater war nie ihr Mann."

Vor dem Einschlafen dachte ich mir: Wir Christen müssen wieder mehr von unserem Glauben sprechen. Manchmal habe ich das Gefühl, wir verstecken uns hinter unserem Christentum, das doch die Religion der Nächstenliebe ist. Die Werke der Barmherzigkeit. *Ich höre dir zu.* Hoffentlich widerfährt der Kellnerin, die mich auf dem Weg immer wieder beschäftigt, Menschlichkeit. Wenn Gerechtigkeit versagt, brauchen wir dringend Barmherzigkeit.

Ich bin froh, dass ich mit einem Glauben aufgewachsen bin, der so selbstverständlich war.

An einen Gott zu glauben, kann ich nicht einfach so zwischen Tür und Angel entscheiden. So nach dem Motto: Ich schau mir dies an, schau mir das an und dann entscheide ich.

Jahrzehntelang an einen Gott geglaubt zu haben und dann zu sagen, ich glaube nicht mehr, geht nicht so einfach, geht vielleicht gar nicht.

Himmelhohe Geschlechtertürme zeugen von der einstigen Macht Bolognas mit der ältesten Universität Europas (1088).

Umgekehrt vermutlich auch nicht: Wer nie von einem Gott gehört hat, wird nicht so einfach zu einem Glauben finden.

Ich bin – für mich glücklicherweise – mit einem Gott aufgewachsen, der in meinem Leben irgendwann ganz selbstverständlich geworden war. Ich glaube an einen Gott, weil er ganz einfach zu meiner Geschichte gehört.

Bei mir zuhause wurde viel gebetet, auch immer wieder mit Gott gedroht, und trotzdem: Mit Gott war immer auch sehr viel Angenehmes verbunden.

Das besondere Essen am Sonntag beispielsweise. Es gab zwar eh immer Huhn, aber eben nur sonntags und von meiner Mutter auf eine besondere Weise zubereitet.

Für mich waren Magen, Herz und Leber reserviert, weil ich samstags die Hühner gerupft und ausgenommen hatte, nachdem mein Vater sie auf die kopflose Ehrenrunde durch den Hof geschickt hatte.

Als Kind im Volksschulalter war ich sonntags immer mit meinen Eltern in der Frühmesse, während meine vier älteren Geschwister das sogenannte Amt besuchten.

Nach der Messe ging ich mit meiner Mutter zum Spadinger einkaufen, und jeden Sonntag durfte ich mir ein Päckchen Pudding aussuchen, genauer gesagt ein Puddingpulver.

Es gab unzählige Geschmacksrichtungen, aber letztlich landete ich nach Ausflügen zu ganz exotischen Sorten immer wieder beim Schokoladepudding, der dann zuhause zubereitet wurde.

Ich holte die Milch aus einer der Kannen, die im Grander vor dem Haus beim Gemüsegarten gekühlt wurden. Mit dieser Milch und dem Puddingpulver bereitete mir dann meine Mutter ganz speziell und nur für mich den Pudding zu. Es war immer exakt ein Suppenteller voll. Ich konnte es kaum erwarten, bis er halbwegs ausgekühlt war. Ich genoss ihn in Vorfreude auf das Huhn zu Mittag. Essen ist etwas ganz Wunderbares, bis heute ist das so.

Es schmeckt dort am besten, wo man weiß: Da sind Menschen am Werk, die dir persönlich etwas Gutes zubereiten wollen, die dich verwöhnen wollen, Menschen, die dir zugetan sind. Ein schönes Zeichen, wohlig zuhause sein zu dürfen – das ist für mich ein Erleben der Gegenwart Gottes.

Und dieser Pudding am Sonntag nach der Frühmesse war für mich vermutlich mindestens so viel wert wie der Frühschoppen für meinen Vater oder meine älteren Brüder. Er gehörte für mich zum sonntäglichen Gottesdienst.

Der Sonntag war ganz einfach der Tag des Herrn, und das war kein Alltag. Da war etwas Besonderes, eine Zäsur zum Normalen. Schön, kann ich heute sagen, dass es Tage des Herrn gab, dass es Sonntage gab, und ich will diese Sonntage für mich wieder ins Leben rufen. Es sind besondere Tage, die man nicht zum Alltag verkommen lassen soll, sondern die man zelebrieren darf. Wir brauchen Rituale!

Es sind die Tage des Herrn, es sind die Tage der Gotteserfahrung, Tage, an denen Gott ankommt, es sind eben diese Puddingtage.

Brisighella, 20. September

Schön langsam endet der Antoniusweg. Nun bin ich an dem Teil der Strecke angelangt, wo es auch richtige Pilgerherbergen gibt, und ich bin mitten in so einer Herbergsstimmung um sechs Uhr früh aufgewacht, als die ersten Pilger beginnen herumzukramen. Alles kommt mir sehr laut vor, obwohl sie sich bemühen, möglichst leise zu sein. Ich liege in einem Stockbett und möchte eigentlich noch schlafen, weil die Nacht meinen Schlaf oft unterbrochen hat. Aber die Müdigkeit verfliegt, zumindest an ein Weiterschlafen ist nicht zu denken, und ich versuche wahrzunehmen, wann die Toilette am Gang frei zu sein scheint. Die Ersten frühstücken, man hört's am Geschirr. Um sieben Uhr sind bereits alle außer Haus, so kann ich mit meiner Morgenpflege beginnen. Zum Frühstück ein Toastbrot, das in der Küche liegt.

Es beginnt eine Etappe, von der ich wusste, dass sie von den Höhenmetern her eine Herausforderung wird: Drei größere Hügel gilt es zu überqueren, von Bergen spreche ich erst am Apennin. Aber das heute ist eine Vorahnung. Ich bin nach der Po-Ebene wieder in nahezu unberührter Natur, eine bizarre, raue Karstlandschaft mit Furchen und Gräben. Besondere Wege und Pfade werden mir heute geschenkt, Wege im Schatten einer unbändigen Vegetation. Beeindruckend – und dann gehe ich immer wieder durch Weinberge, die Lese ist voll im Gang. Schöne Trauben in der vollen Reife. Sie leuchten in der Sonne. Eine Etappe, die in der Anstrengung besondere Schönheit gibt.

Karstlandschaft am Rande des Apennins. Hier finde ich einen Selenit für unsere liebe Schulsekretärin Maria.

Schritt für Schritt nähere ich mich wieder einer Höhe, die ungeahnte Ausblicke eröffnet in Landschaften, die ich in der Kargheit einerseits und in den prallen Weingärten anderer-seits so noch nie gesehen habe. Ein völliges „Nichts" trifft sich mit purem Überfluss. Die beiden können offensichtlich gut miteinander leben, wobei das Nichts, das Karge, das Zerfurch-te das eigentlich Schönere oder zumindest das Besondere für das Auge ist. Dieser krasse Kontrast in der Natur zeigt sich auch in meinem Gehen. Es ist ein Auf und Ab auch der Gefüh-le, der Gedanken, der körperlichen Wahrnehmung.

Beim Gehen merke ich, dass Zeit der Ernte ist. Im Salzbur-ger Flachgau und in Tirol wurde Heu eingebracht, in Südtirol unendlich viele Äpfel, Mais in der Po-Ebene und jetzt wieder Weintrauben, wie auch schon in Südtirol.

Kontraste – zwischen Kargheit und äußerst fruchtbaren Böden – säumen meinen Weg nach Rom. Und es sind die Kontraste im Leben, die wir brauchen, die aber auch wehtun. Es darf niemals um Gleichmacherei gehen.

In der Kargheit der Natur sehen wir häufig etwas Besonderes, es sind oft geschätzte und geschützte Gebiete. Das Karge, das Arme wird geschützt. Das vom Aussterben Bedrohte bekommt besondere Aufmerksamkeit. Warum fällt es uns aber so schwer, Menschen zu schützen? Ich achte auf dich, ich passe auf dich auf – große Werke der Menschlichkeit! Der Barmherzigkeit. Für Franziskus, auf dessen Weg ich nun kommen werde, ist die Armut das bessere Los. Das Arme, das Karge, das Weniger ist das Besondere – für ihn das Bessere.

Modigliana, 21. September

Reichtum und Armut werden leider fast ausschließlich materiell definiert. Wir wissen aber, dass materieller Reichtum nicht glücklich macht. Glück kann man nicht kaufen, auch wenn man den biochemischen Algorithmus dafür kennt. Dazu braucht es noch andere Qualitäten, dazu bedarf es vor allem auch Menschen, die wir Freunde nennen dürfen. Das Glück wird erst dann in einer besonderen Weise erfahren, wenn ich davon erzählen kann. Glückserfahrungen drängen sich mitzuteilen.

Und doch steckt irgendetwas im Menschen, das wir herkömmlich mit Gier benennen und das oft in Verbindung mit Neid auftritt. Gier und Neid sind die größten Feinde der Barmherzigkeit. Ja, und die Arroganz gehört auch noch dazu. Ich sitze in Modigliana, einer historisch bedeutenden Stadt. Der Sohn von Friedrich Barbarossa, Konrad von Staufen, ist 1167 hier geboren. Bereits mit drei Jahren wurde er Herzog von Schwaben.

Ich hatte heute eine kurze Etappe und genieße die kleine Stadt. Hab ein kleines, aber feines Zimmer mitten in der Alt-

stadt bekommen. In einer Bar wird klassische Musik gespielt. Das findet man nicht alle Tage. Schon sitze ich bei einem Cappuccino, lausche der Musik und bin dankbar, in meinem Leben bisher so viel Menschlichkeit erfahren zu haben. Vieles hätte auch anders kommen können. Es hat schon auch damit zu tun, dass ich bereits in sehr frühen Jahren eine gewisse Verantwortung übertragen bekommen habe. Ich hatte das Gefühl: Ich werde gebraucht. Das ist entscheidend, weil das Leben dann ganz konkret wird. In diesen jungen Jahren wurde auch mein Gottes- und Menschenbild entscheidend geprägt.

Ich bin zum Glauben erzogen worden, aber Erziehung ist nicht einfach das Ergebnis des Machens. So funktionieren wir Menschen nicht. Hinter Erziehung steht keine abgehobene Wissenschaft der Pädagogik oder der Theologie oder einer Ideologie, nach bestimmten Mustern funktionieren zu müssen. Erziehung meint vielmehr das tägliche Miteinander ohne Predigt, ohne Belehrung, einfach der Mensch, der sich dem anderen Menschen kundtut in seinem Wesen, in seinen Eigenschaften, seinen Wünschen und Vorstellungen, in seiner Liebe und in seinem Tun. Es ist das Bild, das herkömmlich als Vorbild bezeichnet wird. Und das ist eigentlich etwas sehr Einfaches.

Diese Bilder – die Vorbilder – der täglichen Begegnung mit Eltern und Geschwistern in ganz jungen Jahren, diese Bilder werden vielleicht deine Gottesbilder, wie auch immer – sie prägen dich.

Ich glaube an einen Gott, weil mir dieser Glaube glaubhaft vorgelebt worden ist. Für meinen Vater war der Glaube nichts Beengendes, meine Mutter, so denke ich, fürchtete Gott ein

Grenzweg zwischen der Emilia Romagna und der Toskana, kilometerweit Buchenwälder. Ein Gehen wie Essen in Frankreich.

bisschen. Sie betete sicher mehr als mein Vater, vielleicht auch ein wenig aus Ängstlichkeit. Sie war ein sorgender und sich sorgender Mensch.

Ich erinnere mich noch sehr gut an ein Bild, das ich fest in mir trage.

Ich war noch ein ziemlich kleines Kind, ging noch nicht zur Schule, und in so mancher Winternacht war es fürchterlich kalt, es gab noch keine Heizung im Haus. Es lag viel Schnee, und meine Mutter schickte mich – schon im Pyjama – unmittelbar vor dem Zubettgehen barfuß auf eine Runde durch den verschneiten Hof. Ich liebte dieses Spiel in der klirrenden Kälte. Es war eine kalte, aber wärmende Mutprobe. Und als ich zurückkam, saß meine Mutter auf der Treppe und wartete mit einem Handtuch auf mich. Sie trocknete meine Füße, gab mir ein Kreuzzeichen auf die Stirn und schickte mich mit einem liebevollen Klaps auf den Popsch in mein Bett.

Und dort wurde es dann richtig warm.

Ein anderes Bild habe ich von meinem Vater.

Sein Gott war nicht der Gott der Zärtlichkeiten, aber trotzdem zeugte er von Leben, von Vertrauen, von Selbstwert. Sein Gott war wie er: machtvoll, aber nicht herrisch. Er war sehr klar und immer konkret, nie verletzend und zerstörend, immer eindeutig auf der Seite der Lebensbejahung, der Aufmunterung und der Anerkennung. Der Zweite Weltkrieg hatte meinen Vater so verletzt, dass er alles unternahm, für das Leben zu kämpfen. Mein Vater war durch den Krieg geprägt und erzog uns zum Frieden. Er hat trotz des Krieges den Glauben an das Gute nicht verloren. Er hat nie vom Krieg erzählt. Nicht, weil er kein Mann des Wortes war. Der Krieg verfolgte ihn bis zu seinem Lebensende. Immer wieder, so erzählte meine Mutter, wurde er schreiend aus dem Schlaf gerissen. In seinen Träumen waren die Bilder des Krieges von Tod und Schmerz gegenwärtig. Diese lebenslange Verfolgung ließ ihn schweigen, aber für den Frieden kämpfen. Nur einmal sah ich seine Wunden am Oberkörper, dem Herzen sehr nahe.

Ich hielt mich, ich weiß nicht warum, im Schlafzimmer meiner Eltern auf, als ich plötzlich die Schritte meines Vaters die knarrende Stiege heraufkommen hörte. Ich versteckte mich unter dem Bett meiner Eltern. Mein Vater zog sich um. Das war das einzige Mal, dass ich seinen schwer vernarbten Oberkörper sah. Auch der linke Oberarm war entsetzlich entstellt. Vermutlich trug er deswegen nie kurzärmelige Hemden.

Als er vom Krieg nach Hause gekommen war, hatte er wenige Tage später wortlos begonnen, eine Kapelle zu bauen.

Sie steht heute noch, mein Bruder hat sie eben renoviert, und auf ihrem Dach hab ich als Kind wunderbar von den Kirschbäumen essen können.

Portico di Romagna, 22. September

Mit der heutigen Etappe hat der dritte von vier Abschnitten auf dem Weg nach Rom begonnen: der Franziskusweg. Schön langsam kommen wieder die Berge. Es ging in den letzten Tagen bereits kräftig und abrupt bergauf und bergab. Äußerst abwechslungsreich. Wenn manche Etappen früher enden, lese ich ein wenig. Gestern unterhielt mich ein kleines Büchlein, das ein Gespräch mit Papst Franziskus wiedergibt, „Gottes Name ist Barmherzigkeit". Barmherzigkeit gehe einher mit Demut, schreibt der Papst, mit der Einsicht, stets selbst der Barmherzigkeit zu bedürfen. Das sei kein Kleinmachen, da gehe es vielmehr um die Tugend, sich selbst nicht in den Mittelpunkt zu stellen.

Diese Einsicht scheint mir wichtig, denn ich kann Glück und Zufriedenheit nicht erzwingen. Nicht alles ist machbar und kaufbar. Das Leben ist ein Geschenk. Es gibt nicht auf der einen Seite die, die ein bisschen Barmherzigkeit schenken, und auf der anderen Seite die, die dieses Almosen annehmen. Wenn die Welt barmherziger werden soll, dann braucht ein jeder die Empfindsamkeit, ein Empfangender zu sein. Es ist der Hochmut einerseits und die Gleichgültigkeit andererseits, die der Barmherzigkeit so massiv widersprechen. Der Hochmut ist die Arroganz, mit welcher Selbstverständlichkeit Leben beansprucht, verwendet, missachtet und damit missbraucht wird.

Papst Franziskus spricht von einer „globalisierten Gleichgültigkeit". Und ich merke, je größer und näher mir alles Elend der Welt, alle Ungerechtigkeit, alles Korrupte, alles eigentlich äußerst Widerliche präsentiert wird, umso eher laufe ich Gefahr, das alles wegzuwischen. So viel Wahrheit will kein Mensch hören und sehen – ich auch nicht. Die Gleichgültigkeit aber bringt dich in eine Agonie, die dir das Leben nach und nach nimmt, die dich aushöhlt. Alles wird relativ. Und in der Relativität fehlt jeder Ankerpunkt im Leben. Gleichgültigkeit ist die Lauheit, dahinter fehlt jeder Wille, jeder Kampf, jedes Wollen, jede Bitte, jeder Dank. Die Gleichgültigkeit ist der Tod der Menschheit. Empathie geht verloren. Hochmut führt unweigerlich zum Fall, dem menschlichen Verfall. Und die Gleichgültigkeit führt zum Verlust der eigenen Wertschätzung.

Barmherzigkeit meint, dass ich im Leben immer einer Hilfe bedarf, egal wer oder was ich bin. Es gibt ein Du, und dieses Du ist nicht gleichgültig, ist nicht hochmütig, sondern möchte mir von Angesicht zu Angesicht begegnen können. Aufeinander hören, nicht gegenseitig verhören oder überhören.

Nicht ich bin der Herr, der Almosen verteilt, und sich Gott gleich fühlt. So funktioniert nichts. Es geht nicht nur um Charity-Events. Erst in der Erkenntnis des eigenen Mangels, des eigenen Scheiterns, der eigenen Menschlichkeit weiß ich, dass

Portico di Romagna. Eine römische Brücke führt mich zu einem besonderen Restaurant.

ich jemanden brauche, der sich meines Herzens annimmt. Erst wenn der Mensch fähig wird, um Hilfe zu fragen, um Hilfe zu bitten, wird er bereit, auch selbst barmherzig zu werden.

Badia Prataglia, 24. September

Gestern Abend wurde ich als einziger Gast in der Herberge von Gigio, Koch und Züchter von Bonsaibäumchen, kulinarisch verwöhnt – vor mir das wärmende Feuer im Brotofen. Eine einfache Herberge in den Bergen, die Gigio und seine Schwester bewirtschaften, und beide schenken einem eine Fröhlichkeit, als sei das gesamte Restaurant voll.

So konnte ich wohlgenährt in die heutige „Königsetappe" starten, wie sie in den Beschreibungen meines Wanderführers benannt wird. Habe offensichtlich ein bisschen zu intensiv

*Poggio Scali. Der höchste Punkt meines Weges mit 1530 m
Seehöhe ist erreicht.*

gelesen, denn nach gegangenem Tagwerk war ich froh, dass
sich all das, was sich in den Träumen der Nacht so dramatisch
dargestellt hatte, durch die Realität des Gehens relativiert hat.
Fast unbemerkt und locker habe ich den höchsten Punkt meiner Pilgerreise erreicht: Poggio Scali, 1530 Meter über dem
Meeresspiegel. Irgendwo auf diesem Tagesweg habe ich die
tausend Kilometer, also zwei Drittel meines Weges nach Rom,
erreicht. Am Pass tun sich besondere Aussichten auf. Natur
kann bewegen.

Hier oben ist es leicht, an einen Gott zu glauben.

Hier oben trifft man tatsächlich Gott, aber man trifft keinen Theologen. Hier trifft man das Leben, das Staunen und
hier trifft man das Gefühl, als ob einem das Leben gehörte, als
Geschenk gehörte. Rosige Aussichten! Aussichten, die einen
einfach glücklich machen, die einen staunen lassen, weil man
sich als ganz kleiner, unwesentlicher Teil inmitten der groß-

Der Schatten geht mit, einmal vor dir, einmal hinter dir. Wenn du zur Sonne gehst, siehst du ihn nicht. Aber er gehört zu dir.

artigen Schöpfung getragen weiß. Ganz klein – so groß. Ein Abbild der Schöpfung.

Was hier passiert, lässt mich tief schweigen aus dem Staunen der Schöpfung gegenüber. Und ich merke, wie froh ich bin, aus voller Überzeugung heraus sagen zu können: „Gepriesen sei der Herr für all das, wie er sich mir heute zeigt." Worte erübrigen sich. Das Geschaute macht mich demütig. Mein kleines Ich verneigt sich in betroffener Freude. Gott, mein großes Du, ist wirklich groß.

Ich schultere wieder meinen Rucksack und gehe weiter, um einiges leichter gehe ich weiter.

Nach ein paar Schritten treffe ich ein junges Paar, das ein Selfie nach dem anderen macht. So richtig wunderschön verliebt. Ich störe, damit ich nicht auch ein Selfie machen muss, und frage, ob sie von uns beiden, der Aussicht und mir, ein Foto knipsen können.

Eine großartige Etappe! Kein Asphalt, nur Pfade, Hohlwege und fast die gesamte Zeit pilgert man in unberührten Buchenwäldern. Na ja, nicht ganz unberührt. Bei zahlreichen Stämmen wurden Liebesbekenntnisse in die Rinde geritzt. Die Jahre haben die Schrift größer werden lassen, so wie hoffentlich auch die Liebe größer geworden ist. Ich denke an meine Kindheit und an meine Buche. Ob sie noch steht? Den Namen weiß ich noch, den ich eingeritzt habe.

Im Traum der vergangenen Nacht habe ich den Gipfel ganz kläglich nicht erreicht, im wirklichen Leben war es irgendwie einfacher. So ist es mir eigentlich lieber. Traum und Wirklichkeit – oft ist es umgekehrt. Und wo beginnt der Traum, wo hört die Wirklichkeit auf? Wie virtuell ist meine Realität?

Morgen breche ich nach La Verna auf, ein besonderer Ort für den heiligen Franziskus, der Ort seiner Wundmale – Stigmata.

Vor ein paar Tagen habe ich zwei Pilgerinnen getroffen. Zwei junge Frauen, Chiara aus Padua und Giulia aus Bologna, pilgern immer wieder ein paar Etappen Richtung Rom. Giulia spricht gut Deutsch und studiert Physik. Von ihr habe ich eines gelernt: Im Gehen, Schritt für Schritt, gehst du irgendwann über dich hinaus. Der rein mechanische Vorgang – Teil der Physik – steigert sich ins Metaphysische. Er übersteigt alles Berechenbare, alles Beweisbare. Im Gehen über sich hinausgehen, vielleicht hin zu einem größeren Du, zu einem Du, dem ich den Namen Gott gebe, oder wie immer? Dorthin gehen und kommen, wo seine barmherzigen Hände offen sind wie beim Gleichnis vom barmherzigen Vater, der seinen gestrauchelten Sohn willkommen heißt und ein ganz großes Wiedersehensfest anzettelt.

4. Teil

Ich bete für dich

La Verna, 25. September

Ging die gestrige Etappe vorwiegend durch Buchenwälder, so sind heute die Eichen an der Reihe. Eine sehr anspruchsvolle Etappe mit weit mehr als tausendfünfhundert Höhenmetern. Am Höhenrücken gehend – links und rechts geht's ziemlich steil bergab – habe ich durch die noch relativ jungen Eichen das sichere Gefühl, dass sie mich bei einem Fehltritt nicht allzu weit abstürzen ließen.

Natürlich gehört auch ein Irrweg dazu: Ich glaubte, auf der Karte eine Abkürzung gefunden zu haben, die schließlich im absoluten Dornengestrüpp endet. Eine Weile kämpfe ich in der Hoffnung, dass sich der Weg lichtet. Irrtum. Ziemlich zerkratzt kehre ich auf den ursprünglichen Weg zurück.

Ich komme nach La Verna, und auf die Sekunde bin ich in einer vollkommen anderen Welt. Im Franziskanerkloster am Berg auf gut elfhundert Meter Seehöhe beginnt gerade das Stundengebet, die Non. Eine große Anzahl von Mönchen singt Psalmen voller Kraft und Überzeugung. Es ist ein überraschendes Eintauchen in eine geistliche Tiefe, die ich mag. Es kommt so unverhofft, so plötzlich und ganz. Nach dem Stundengebet gehe ich noch mit der Prozession zur Stigmata-Kapelle. Dort bleibe ich sitzen und lasse die Prozession weiterziehen. Der Ort, an dem der Überlieferung nach Franziskus die Wundmale Jesu erhalten hat. Egal, wie man darüber denkt, ich bin da gespalten, vor allem brauche ich für meinen Glauben diese äußeren Zeichen nicht. Trotzdem, es ist ein besonderer Ort. Hier sitze ich und eigentlich möchte ich lange sitzen. Franziskus, der Heilige der Armut, der Einfachheit, der Heilige der Bewahrung der Schöpfung. Er lebte radikal und nahm Nachfolge sehr wörtlich.

Durch das offene Fenster fotografiere ich gegen die Sonne – es sollte ein Lieblingsbild meines gesamten Pilgerweges werden. Ich schicke es, dank einer App der österreichischen Post,

La Verna. Hin und wieder muss man Türen öffnen, damit die Sonne hereinkommen kann.

als Postkarte unserem Lehrerkollegium und schreibe, dass es unsere Aufgabe als Lehrer immer wieder ist, Türen und Fenster zu öffnen, damit die Sonne in die Herzen unserer Schülerinnen und Schüler eindringen kann.

Ein ganz besonderer Tag hier. In Bologna hatte ich wieder einmal Viktor Frankls „Trotzdem Ja zum Leben sagen" gelesen. Viele Leute fragen: Was bietet mir das Leben? Das ist die falsche Perspektive. Es geht nicht darum, was das Leben mir bietet, sondern vielmehr darum, was ich dem Leben zu geben imstande bin. Was sind meine Antworten auf die Fragen, die das Leben mir stellt? Es geht nicht darum: Was nützt es mir? Diese rein materielle Definition von Glück führt immer in die Unmenschlichkeit. Bescheidenheit macht glücklicher als der vom Haben getriebene Geist oder besser: Ungeist.

Ich gehe hinunter in den benachbarten Ort Chiusi della Verna, suche mir ein Zimmer und schaue einem Seifenkistenrennen zu. Kinder werden zu richtigen Helden, von Eltern und Freunden angefeuert. Italienische Stimmung, fast wie in Monza. Mit Sonnenuntergang wird es sehr schnell kühl.

Caprese Michelangelo, 26. September

Ich breche ohne Frühstück auf, der Weg hat mich gefangengenommen. Es geht sich wie auf einer Wolke. Sitze am späten Vormittag auf meinem Weg nach Rom in den Bergen, in denen vor knapp achthundert Jahren Franz von Assisi unterwegs war, unmittelbar vor dem *Eremo della Casella*, vor der Einsiedelei, wo Franziskus, bereits schwer erkrankt, sich noch einmal Richtung La Verna gedreht und sich verabschiedet hat: „Addio, Berg La Verna, Gottes Berg, wir werden uns nicht wiedersehen."

Es kommt Wehmut auf. Ein ganz besonderer Ort. Hier auf tausenddreihundert Meter Seehöhe ist es unfassbar ruhig. Lediglich der Wind säuselt ein wenig. Tische und Bänke laden zum Rasten ein. Ich lass meinen Rucksack auf der Bank und probiere, ob die Kapelle offen ist. Überraschenderweise sind weder Kapelle noch Einsiedelei versperrt. Ich setze mich in die kleine, dunkle Kapelle. Durch die offene Tür dringt ein wenig Licht. Ein besonderer Moment. Ich beginne an diesem einsamen Ort ganz einfach zu beten. Für Menschen, die mich gebeten haben, ihre Anliegen mitzutragen …

Dann denke ich an unsere Schülerinnen und Schüler, an unser Lehrerkollegium, mit einigen bin ich immer wieder in Kontakt, an unsere Angestellten. Es ist ein schönes Dasitzen. Gedanken kommen und gehen. Das spärlich eindringende Licht gibt dem Raum eine besondere Stimmung. Ich sitze lange. Es ist das Einfache, das so vollendet schön ist.

Eremo della Casella. Ich bete für dich.

Ich wundere mich, dass die Kapelle nicht versperrt ist. Egal in welchen Ort man kommt, seit der Po-Ebene stehe ich eigentlich immer vor verschlossenen Kirchentüren. Diese offene Tür schenkt mir ein besonderes Erlebnis. Auf meinem Rucksack hängt ein Schlüssel als Symbol der Rompilger, wie es für die Jakobspilger die Muschel ist. Ich habe mir am Tag des Weggehens, als mir mein Mitbruder Johann Schurm in der Dachsberger Kapelle den Reisesegen gegeben hat, aus der Sakristei den Schlüssel des ehemaligen Tabernakels geholt und am Rucksack befestigt. Es ist ein Schlüssel, der zum Allerheiligsten, zu Gott, die Tür öffnet. Es ist ein besonderer Schlüssel, den ich als Symbol mithabe, er möge mir helfen, so manches zu erschließen.

Ein Schlüssel soll Eingesperrtes, Verschlossenes ans Licht bringen. Petrus hat für die Kirche den Schlüssel überreicht bekommen. Wer Schlüsselgewalt hat, hat große Verantwortung, aber auch große Macht. Die Kirchengeschichte zeigt, wie damit umgegangen worden ist, wo Macht missbraucht, Türen zugeschlagen, Menschen gefoltert und verurteilt worden sind, wo eigentlich das Gebot der Stunde „Barmherzigkeit" hätte heißen müssen.

Es ist aber auch eine segensreiche Geschichte, wo Türen ganz weit aufgesperrt worden sind. Papst Franziskus vergleicht die Kirche mit einem Feldlazarett. Die Kirche muss sich öffnen, die Tür aufmachen und hinausgehen in die Welt, hinaus aufs „Feld" und helfen, Kranke zu heilen. Und weiters meint er, dass ein wesentliches Gebot der Barmherzigkeit das Zuhören sei. Die Kirche soll der Schlüssel für das gehörte Wort sein. *Ich höre dir zu* – ein Satz, der mich auf diesem Pilgerweg besonders beschäftigt. Die Kirche darf sich nicht über die Abgrenzung definieren und mit dem Schlüssel drohen, sondern über die Menschwerdung. *Ich höre dir zu.*

Ich verlasse die „offene Einsiedelei" und gehe weiter zum Geburtsort von Michelangelo.

Emero Montecasale, 28. September

Montecasale, ein wirklich anspruchsvoller und langer Anstieg. „Swer hieher welle gan, muas lange schenkel han", sagt ein mittelhochdeutsches Sprichwort, zu dem uns mein Deutschlehrer einen Aufsatz hat schreiben lassen. Beim Aufstieg nach Montecasale wurde dieses von mir damals nicht besonders geliebte Aufsatzthema Wirklichkeit. Es galt, am Weg einige Hindernisse zu überwinden, die wirklich lange Schenkel brauchten. Aber wie so oft folgte die Belohnung auf der Stelle.

Wieder komme ich zu einer Eremitage in den Bergen, die mich anzieht. Aus dieser Einsiedelei ist ein Kloster geworden. Fünf Kapuziner leben hier und atmen den franziskanischen

Am Cammino di Assisi vor Caprese Michelangelo. Die Sonne, meine treue Begleiterin.

Geist. Alle Türen stehen offen. Ein Bruder ist beschäftigt, Unkraut am gepflasterten Weg zu beseitigen. Er sieht mich und kommt mit großer Freundlichkeit auf mich zu: „Welcome! Willkommen!" Eine große Herzlichkeit begegnet mir. Bruder Erec zeigte mir in aller Ausführlichkeit diesen besonderen Ort franziskanischer Geschichte und Spiritualität. Franziskus war immer wieder hier, um zu beten. Auch die Heiligen Antonius und Bonaventura waren da.

Es gibt schon besondere Orte, und was sie gemeinsam haben, ist, dass sie meist nicht so einfach zu erreichen sind und dass an diesen Plätzen viele Menschen viel gebetet und meditiert haben. Mit Beten meine ich nicht Frömmelei, keinen Hokuspokus, sondern eine ehrliche Auseinandersetzung mit der eigenen Biographie. Beten heißt für mich, mich vor Gott stellen, mich dem größeren Du zeigen, mir nichts mehr vorzumachen, ganz zu sein. Ein wirklich betender Mensch ist ein

Bruder Erec zeigt mir das Kloster Monte Casale und sagt mir:
„Hör auf die Stille!"

ganz offener, einer, der um seine Grenzen weiß, dass nicht alles machbar ist und funktioniert, wie man sich es vorstellt. Ein betender Mensch nimmt berechnende Forderungen an das Leben zurück. Er versucht, dem Leben sein Leben zu geben.

An Orten wie Montecasale entsteht große Ehrfurcht. Jede Arroganz vergisst sich. Da bist du nicht mehr der Mittelpunkt. Da relativiert sich so vieles, es reduziert sich auf das Wesentliche. Was übrigbleibt, heißt für mich Dankbarkeit. Dankbarkeit, dass mir so viel Leben geschenkt wird.

Bruder Erec zeigt mir die Steinnische, wo Franziskus geschlafen hat, ein beinahe unvorstellbarer Ort für einen guten Schlaf. Er sagt mir, dass er bis Mittag das Unkraut beseitigt haben möchte, und lädt mich ein: „Bleib noch! Du bist auch willkommen, länger hier zu bleiben. Oder du kommst wieder einmal." Ich sage ihm, dass ich noch ein wenig in die Kapelle

Franziskus blickt in die Wälder, wo er Räubern durch sein Vorbild zum Glauben verhalf.

gehen werde. Wir verabschieden uns: „Wenn du in die Kapelle gehst, hör auf die Ruhe!"

„Hör auf die Stille!" Ein Satz, den ich mir aus der Einsiedelei mitnehme.

Pietralunga, 29. September

Die letzten vier Tage am Weg nach Assisi hat mich ein alter Jugendfreund begleitet. Es sind Etappen extremer Höhenmeter. Franz ist mit dem Zug bis Arezzo und dann mit dem Bus nach Città di Castello gekommen. Mit einigen Stunden Verspätung starten wir gegen Mittag unsere Etappe und gehen bis Pietralunga, einunddreißig lange Kilometer, die für Franz, der sich natürlich erst an das Gehen gewöhnen muss, ziemlich herausfordernd sind – auch für mich. Aber tapfer erreichen wir unser

Ziel, und bei einer guten Portion Spaghetti und einem Glas Chianti waren wir in Gesprächen sehr schnell und intensiv in unserer unbekümmerten, intensiven Jugendzeit, die voller Zukunft war. Ein schönes Eintauchen, verbunden mit großer Dankbarkeit an eine unbeschwerte Jugend.

Nach der fünften Klasse Gymnasium wollte ich meinen Eltern gegenüber meine Unabhängigkeit erklären, selbst Geld verdienen und meinen Alltag bestreiten. Ich begann mit einer Lehre in der Glasmalerei in Schlierbach. Fast zwei Jahre arbeitete ich dort. Es waren die ganz besonderen und anderen Jahre in meinem Leben. Meine Eltern haben diesen Schritt nicht verstanden, aber akzeptiert. Diese Jahre waren geprägt vom Protest der Achtundsechziger. Ich verdanke dieser Zeit einen guten Einblick in das Thema Kunsthandwerk. Nie zuvor hatte ich mich mit der Vielfalt an Farben beschäftigt. Rund vierhundert unterschiedliche Farbtöne stehen bei mundgeblasenen Gläsern zur Auswahl! Freilich gaben die Künstler in ihren Entwürfen die Farben vor, jede Farbe eine Nummer, und die stand im Entwurf, der eins zu eins von uns in ein Fenster voller Licht umgesetzt wurde. Mit dem Diamantschneider ritzten wir das Glas, um ihm die Oberflächenspannung zu nehmen und genau an der Ritzung zu brechen. Die Fenster waren ein Puzzle aus hunderten kleinen Glasscheiben, verbunden durch Bleistege. Es waren die Blautöne, die es mir angetan haben. Gibt es tatsächlich so viele unterschiedliche Nuancen von Blau? Irgendwie siehst du durch diese Farbe hindurch in die Unendlichkeit deines Denkens. Und oft, wenn ich in einer Kirche stehe und wunderbare Fenster betrachte, bin ich in Gedanken in meiner Jugendzeit in Schlierbach. Es waren besondere Lehrjahre.

Aber irgendwann zog es mich doch wieder zurück auf das Gymnasium. Ich wollte maturieren und dann studieren, und doch war ich in diesen Jahren der Lehre umgeben von Leuten, denen ich im Studium nur selten begegnet bin. Menschen, die kritisch hinterfragten, mit Traditionen brachen und neue Lebensformen suchten. Sie wollten nicht einfach im Strom der Zeit schwimmen. Genau von diesen Menschen habe ich sehr viel gelernt. Sie prägen meine Denkweise bis heute. Sie wollten leben, nicht einfach nur funktionieren. Und sie hatten noch den Mut zu rebellieren. Hannes, der heute als Maler auf einem Bauernhof lebt, habe ich damals kennen und schätzen gelernt. Ich meiner Wohnung hängen fast ausschließlich Bilder von ihm. Er hat für meine Priesterweihe drei Kelche getöpfert. Zwei sind auch nach dreißig Jahren noch in Verwendung, einen habe ich einer Kollegin und guten Freundin zur Hochzeit geschenkt.

Der heutige Tag war sehr anstrengend, viele Höhenmeter und dann ein Sichzurückerinnern an Tage, die für mich eine große Herausforderung waren, an Tage, die mir bis heute viel bedeuten. Gut, dass es immer wieder Anlässe gibt zurückzudenken. So versteht man die Gegenwart.

Gubbio, 30. September

Hinter der Chiesa di San Francesco kniet Franziskus mit einem Bein. Der gezähmte Wolf schmiegt seine Schnauze und eine Vorderpfote an den waagrechten Oberschenkel. Franziskus richtet eine Hand nach oben, während die andere im Nacken des Wolfes liegt. Eine Symbiose der Gegensätze und eine Geste nach oben. Ein Danke, eine Bitte, ich weiß es nicht.

Der Wolf versetzte die Stadt in Angst und Schrecken. Franziskus zähmte den Wolf, er machte sich mit ihm vertraut, wie der kleine Prinz mit dem Fuchs bei Antoine de Saint-Exupéry. „Du bist zeitlebens für das verantwortlich, was du dir vertraut gemacht hast." Es geht schon darum im Leben. Wo ein Mensch spürt, es nimmt sich jemand meiner an, dort lebt es

Gubbio. Franziskus und die Wölfe werden friedlich.

sich ganz einfach eine Spur leichter. Wo ich das Gefühl habe, einem Menschen etwas zu bedeuten, weiß ich um meine Würde. Da kann vertraut werden. *Ich traue dir. Ich glaube dir,* das sind mitunter die schönsten Sätze, die man sagen kann. Wir lassen uns dort zähmen, wo uns Vertrauen geschenkt wird. Misstrauen erzeugt Angst, Hass und Gewalt.

Assisi, 2. Oktober

Bei Morgennebel starten wir zu unserer letzten gemeinsamen Etappe. Assisi ist unser Ziel, ein großes Ziel für viele Pilger. Im Laufe des Gehens lichtet sich der Nebel, es bleibt bewölkt. Eine kurze Etappe, wir reden nicht viel. Wir wissen, wir bewegen uns auf ein großes Ziel kirchlicher Geschichte zu. Kirche wurde und wird durch Franziskus neu geschrieben. Es ist die

Assisi. Basilika San Francesco im Morgennebel. Die andere Seite.

Sympathie mit dem Einfachen, das Eintreten für das fundamental Menschliche, das sich Freuen an der reinen Menschwerdung. Bei Franziskus geht es nicht um Kosmetik, da geht es um das radikal Menschliche, um das Natürliche.

Wir nähern uns der Basilika von Norden her. Ein neuer Blickwinkel für mich. Und dann bin ich in Assisi – und es fällt mir schwer, Franziskus zu finden. Freilich, es ist keine günstige Zeit, wenn man an den Vortagen des großen Festtages des Heiligen dorthin kommt. Fernsehsender bauen ihre Übertragungssatelliten auf, die obere Basilika wird für den Festgottesdienst gerüstet, es werden Scheinwerfer montiert und Kameras positioniert. Laut und geschäftig geht es zu.

Seit Wochen gehe ich den äußerst meditativen Weg und jetzt merke ich, dass ich mit den vielen Leuten nicht zurechtkomme. Unendlich viele Handyteleskopstangen möchten den Himmel berühren, und ich werde immer kleiner und kleiner,

San Damiano. Dort, wo in Assisi noch Ruhe weilt.

so ganz weit weg von jeder Vorstellung eines Himmels. Wir beschließen, später in die Unterkirche und in die Felsengruft zu gehen. Vielleicht werden die Besucher weniger.

In meiner Erinnerung lebt ein stilleres Assisi, freilich ein Assisi der 1980er Jahre.

In der Chiesa di San Pietro geht gerade eine Hochzeit zu Ende. Ein überglückliches Brautpaar verlässt mit einer kleinen Hochzeitsgesellschaft den Vorplatz. Und plötzlich wird es hier ganz ruhig. Ich bin doch in Assisi! Wir gehen in die romanische Kirche, wir sind ganz allein und Assisi lebt. Vor mir die Stühle des Brautpaares, der in Weiß gekleidete Betschemel und darüber schwebt ein romanisches Kreuz. Und dann spüre ich wieder das Einfache, das Reine, das Besonnene. Es geht nicht um noch mehr, es geht ums Reduzieren, es geht ums Wesentliche. Wie geschäftig sind wir, um dem Wesentlichen nicht ins Auge schauen zu müssen!

In San Damiano sind wieder etwas mehr Menschen, aber sie sind ruhig, schauen, betrachten und beten. San Damiano ist eigentlich mein Lieblingsort in Assisi. Da kannst du ruhig und lange sitzen. Hierher kommen Menschen, die von Franziskus angetan sind, Menschen mit Zeit. Menschen, die sich nach innen sehnen.

Durch den großen Olivenhain gehen wir zurück in die Stadt, trinken einen Kaffee. Am frühen Abend besuchen wir einen Gottesdienst in der Unterkirche, zuvor gehen wir noch in die Felsengruft. Wie kann man diesen Heiligen in seiner Radikalität verstehen? Ich bin seit gut zehn Tagen am Franziskusweg unterwegs, in einer Natur, die prägt: karg und üppig. Wer die Natur aufnimmt, kann vielleicht Franziskus ein bisschen verstehen. Ein Grenzgang zwischen virtueller und realer Welt. Es ist das Radikale an dieser Person, das mich staunen, aber auch wundern lässt. Ein wunderschöner Gottesdienst am Abend bringt Ruhe in meinen Tag. Wir essen noch eine Pizza und trinken ein Glas Wein – vor uns die in warmgelbes Licht getauchte Fassade der Kathedrale. Franz wird noch einen Tag bleiben.

Foligno, 3. Oktober

Ich habe Assisi in aller Früh verlassen. Es fiel mir nicht sonderlich schwer, der geschäftigen Stadt „Arrivederci" zu sagen.
Die heutige Etappe beginnt wieder im Alleingang, und zwar gleich mit einem kräftigen Anstieg. Unverhofft komme ich im „Eremo delle Carceri" an einen Ort, den ich vor vielen Jahren zusammen mit Schülern besucht und damals für mich zum schönsten Ort der Welt erklärt habe. Offensichtlich ziehen mich Eremitagen an.

Ich bleibe ein wenig in der Einsiedelei; vor mir ist mit kleinen Steinen ein Herz auf den Boden gelegt, und mitten

Eremo delle Carceri. Im Herzen das Tau, das Omega des hebräischen Alphabetes.

drinnen das Tau, das für Franziskus ein Zeichen der Demut war. Er unterzeichnete damit. Das Tau komme von Taw, dem letzten Buchstaben im hebräischen Alphabet. Als Kind trug ich lange ein Taukreuz. Das war damals modern, ja, ist wirklich schon lange her. Irgendwann ist mir der Lederriemen zu speckig geworden. Komisch, aber immer wieder gehe ich auf meinem Weg nach Rom zurück in meine Kindheit, die ich eigentlich längst vergessen habe. Erinnerungen kommen, die mich geradezu amüsieren. Irgendwie hatte ich ganz oft ganz viel Glück.

Was ich als Kind so wohltuend und aufbauend erlebt habe, war die Tatsache, dass meine Eltern falsches Verhalten zwar dezidiert verurteilten, dabei aber mich als Menschen niemals ablehnten. Mein Vater konnte sehr zornig werden, wenn ich mich danebenbenahm, aber meine Eltern gaben mir nie das Gefühl, nicht angenommen zu sein.

Einmal, 2. Klasse Volksschule, bekam ich in der Semesternachricht im Verhalten ein „Zufriedenstellend". Das war natürlich eine Katastrophe. Die ersten drei Noten im Zeugnis waren eigentlich die wichtigsten: Betragen, Fleiß, Religion. Alle drei Fächer waren leider nur „Zufriedenstellend". Das war sozusagen die Semesterkatastrophe. Diese missliche Tatsache konnten die „Sehr gut" im restlichen Zeugnis nicht aufwiegen. Ich legte das Zeugnis auf den Stubentisch und verschwand im Kinderzimmer. Wir hatten in Musik eine Lehrerin der Extraklasse. Sie ließ mich ein paar Mal vor allen Mitschülern vorsingen – und ich konnte doch nicht singen! So kam es, dass ich trotzig den Kopf in meinen verschränkten Armen, die am Schülertisch lagen, versteckte, als sie in die Klasse kam. Sie schaute sich meinen Protest nicht lange an, schrieb einen Brief und gab ihn mir mit, damit ich ihn von meinem Vater unterschreiben ließe. Ich unterzeichnete mit dem versuchten Schriftzug meines Vaters, was sich die Lehrerin natürlich nicht gefallen lassen konnte. Deshalb stand im Zeugnis, das auf dem Tisch in der Stube lag, in Betragen ein „Zufriedenstellend".

Ich hörte, wie die Haustür aufging. Vermutlich war es Vater. Es dauerte nicht lange, da stand er in voller Größe in meinem Zimmer, in der riesigen Hand das Zeugnis. Ich schaute ihn mit großen Augen an, wusste nicht, was jetzt passieren würde. Mein Vater zog mit seinen großen Händen wie ein Zauberer einen Kochlöffel aus dem Ärmel, drohte damit und klopfte heftig auf den Schreibtisch. Was wird jetzt passieren?

Irgendwie merkte ich: Der Kochlöffel war für mich gedacht, aber der Schreibtisch war letztlich widerstandsfähiger, und das wusste mein Vater trotz Wut.

Er sagte zur mir: „Du bleibst auf deinem Zimmer!", schloss energisch die Tür hinter sich und ließ mich allein. Der Kochlöffel war am Schreibtisch liegen geblieben. Ich weinte bitterlich, verstand vor allem den Kochlöffel nicht, der dalag, der dalag als Drohung, als Angst, als – ja vielleicht – als schlechtes Gewissen. Vermutlich wär es leichter gewesen, hätte er mich geschlagen. Mein Vater hat mich kein einziges Mal geschlagen.

Er ist einfach gegangen, irgendwas war unerledigt, und ich weinte – weinte mit Wut auf mich, vor allem aber mit Wut auf die Lehrerin. Sie war einfach ungerecht. Ich konnte wirklich nicht singen.

Es dauerte nicht lange, da stand mein Vater wieder in meinem Zimmer.

Ich vermochte ihn nicht anzusehen. „Ich brauche Hilfe im Wald! Komm!", war sein kurzer Auftrag. Wir beide fuhren mit dem Traktor in den Wald. Eigentlich konnte ich ihm nicht recht helfen. Ich schaute ihm zu, wie er den Zaun reparierte, hin und wieder musste ich ein Werkzeug halten. Irgendwann schaute ich nicht mehr auf seine werkenden Hände, sondern in sein Gesicht. Und dann trafen sich unsere Blicke. Und dieses besorgte Lächeln, das er mir damals schenkte, ist tief in meiner Erinnerung. Es war voller Sorge, aber es war ungemein mild.

Ich war froh über diese Milde, weil sie so viel Vertrauen schenkte und weil ich natürlich seine Liebe, die er nur sehr spröde zeigen konnte, nicht verlieren wollte.

Er lässt mich nicht allein mit dem Kochlöffel im Zimmer sitzen, sondern ich darf mit meinem Vater im Wald sein, ich darf ihm helfen, und er ist mir wegen der gefälschten Unterschrift nicht mehr böse. Er nimmt mich mit und gibt mir das Gefühl, meine Hilfe zu brauchen.

Das gibt einem Selbstwert. Da bedarf es keines Wortes mehr. Es war sein Mitnehmen, das mich lehrte, keine Unterschriften mehr zu fälschen.

Spoleto. Ein Ruhetag. Schreiben im Tagebuch: denken und danken.

Spoleto, 5. Oktober

Hab mit unserem Ordenshaus in Rom die Ankunft bereits vereinbart. Es ist nicht mehr weit. Ich möchte noch eine Woche in Rom bleiben und werde nach der Audienz am Donnerstag, den 20. Oktober, wieder nach Hause aufbrechen. Ich freu mich auf Rom und ich freu mich auf zuhause. Aber noch bin ich in Spoleto. Ich habe es nicht mehr eilig und so beschließe ich kurzerhand, in dieser mittelalterlichen Stadt zwischen großer Geschichte und boomenden Festivals eine weitere Nacht zu bleiben.

Ich sitze auf einer Terrasse, bestelle einen Espresso, genieße den Tag, die Aussicht und bin ein wenig stolz auf mich. Auf diesem Weg geht vieles sehr leicht.

Die Stadt ist dabei, sich auf ruhigere Monate vorzubereiten. Nachdem ich meine Wäsche gewaschen hatte, konnte

Der Dom von Spoleto. Antonius von Padua wurde im Jahr 1232 hier heiliggesprochen.

ich einen sonnigen Tag genießen. Ein römisches Theater und ein Aquädukt aus dem dreizehnten Jahrhundert, der auch als Fußgängerbrücke dient, aber wegen des Erdbebens gesperrt ist, finden sogar in Johann Wolfgang Goethes *Italienreise* besondere Erwähnung. Er spricht dabei von besonderen Bauwerken als einer zweiten Natur, die „zu bürgerlichen Zwecken handelt". Goethe ist Willkür verhasst, und nun, so meint er, wisse er auch warum. Was hier gebaut worden ist, habe eine „innere Existenz", sei also weit weg von Willkür. „Denn was nicht eine wahre innere Existenz hat, hat kein Leben und kann nicht groß sein und nicht groß werden."

Seltsam, aber irgendwie spürt man in vielen Bauwerken, nicht nur hier in Spoleto, diese innere Existenz. Immer wieder geht es mir auf dem Weg nach Rom so, dass das für das Auge so Wohltuende sich an der Natur orientiert, ihre Gesetze achtet, ihre Formen zu etwas Neuem ableitet, was wieder eine eigene

Natur bekommt, nach einer zweiten Natur handelt. Ich denke, das ist das Gesetz der Ästhetik. Wenn es neuerdings heißt, schön sei, was einem gerade gefällt, dann kann das vielleicht Mode sein, aber nicht unbedingt Schönheit, wobei sich beide nicht ausschließen müssen. Hinter Schönheit ist mehr als nur Gefallen: natürlich eine Augenweide, natürlich ein gewisser Ansatz von Harmonie in den Proportionen, die sich eigentlich immer an der Natur orientieren, aber zur Schönheit gehört auch der Sinn – Schönheit beruht ja auf Sinneswahrnehmung. Was höre ich? Was sehe ich? Bruder Erec hatte mir in Montecasale gesagt: „Hör auf die Stille!" und Goethe sagt mir, wenn ich ihn recht verstehe: „Schau auf die Natur, egal ob die erste oder auf die zweite." Ich merke, mein Pilgerweg ist ein Weg, bei dem mir alles andere als *Hören und Sehen* vergehen. Es gehen einem Ohren und Augen auf. Sinnerfahrung. Schauen und Hören – Sinne des Lebens – bei Sinnen sein – wider jede Willkür!

Jetzt freue ich mich auf mein Abendessen – es geht ja schließlich auch um Geschmack – und hoffe, dass mich meine nassen Schuhe morgen trockenen Fußes weitertragen.

Macenano, 6. Oktober

Die heutige Etappe begann wieder mit einem kräftigen Anstieg zum Monte Luco, wo in aller Bescheidenheit ein großartiges franziskanisches Kloster in eine Lichtung gebaut worden ist. Bruder Regen begleitet mich heute, nicht gerade mein Lieblingsbruder, aber er gehört eben auch zur Familie. Und ich muss lächeln, während ich das schreibe, denn hier in Umbrien ist die Heimat des großen *Sonnengesangs*, in dem Franziskus alles zur Schöpfung Gehörende als Geschwister bezeichnet.

Einfach beeindruckend, wie du von einem Berg zum anderen unterwegs bist, dazwischen wunderbare Dörfer und Städ-

Ein Schauspiel der Natur. Gehen und staunen.

te, die meist wie Adlerhorste in den Hang gebaut worden sind, winkelig, eng, mit Stufen und oft an die tausend Jahre alt. Orte abseits der Touristenströme, in denen die Häuser im Wesentlichen seit Jahrhunderten unverändert von einer Generation an die nächste weitergegeben werden. Es ist so gebaut, als wären die Häuser, Kirchen, Türme und Burgen immer schon Teil dieser Natur. Viel Gefühl für sehr Wesentliches. Was passt wie wohin? Die Natur zeigt uns sehr viel. Warum wollen wir über ihr stehen? Das hierarchische Denken, das Einnehmende, das Herrschende, das Untertanmachende, das uns Menschen treibt, ist schwer krank. Papst Franziskus sagt sinngemäß, es heiße nicht: „Macht euch *die* Erde untertan", sondern es müsse heißen: Macht euch *der* Erde untertan. Eigentlich eine grammatikalische Angelegenheit: Aus dem Objekt wird ein Handlungsträger. Wer die Natur einfach nur benützt, überschätzt sich.

Piediluco, 7. Oktober

Genieße auf der Terrasse der Herberge mit einem ruhigen Blick auf den See die milden Sonnenstrahlen. Sie tun gut. Hatte gestern in Macenano ein langes Gespräch mit dem Wirt, der einige Jahre im Schwarzwald in einer Papierfabrik gearbeitet hat. Er serviert mir Tagliatelle mit frischen Trüffeln, er hat sie mir empfohlen, und ich genieße in einem Bergdorf irgendwo in Umbrien das Abendmahl und bin mit jedem Bissen einfach nur dankbar für all das Schöne, Gute und Besondere, das mir auf dem Weg zuteilwird. So viel Sinnliches, Übersinnliches und die Freude, dass mein Körper den Weg so gut mitgeht. Ich merke aber auch, dass es den Leuten, je südlicher ich komme, immer schlechter geht. In den Herbergen herrscht große Unzufriedenheit, Unzufriedenheit mit Brüssel und mit Rom. Die Wirte haben den Eindruck, dass sie Betrogene sind. Es ist, so kommt mir vor, die Suche nach Ehrlichkeit, danach, dass ihre Arbeit auch anerkannt wird. Sie kämpfen mit beginnender Bitternis ums Überleben. Es klafft immer weiter auseinander, und sie fühlen sich als die Verlierer.

Was ist es, wovon wir uns treiben lassen? Eine unsichere Zeit, in der Vertrauen oft nicht möglich ist, oft ausgenutzt wird, denn der Motor darf nicht stocken. Und dann: nicht nachdenken, eher schlecht denken und keine Zeit verlieren! Was passiert mit unseren Seelen, mit unseren verängstigten Seelen?

Unsere Gedanken sind nicht mehr frei, sie sind verunsichert, in die Irre getrieben durch vermeintliche Propheten, die ausschließlich von der Angstmache und vor allem auch von der Schlechtmache leben. An wem lassen wir eigentlich noch ein gutes Haar? Nein, was bitte ist das Leben?

Wir wissen, dass das Mehr und Mehr nur noch hungriger macht, wir wissen, dass wir Glück nicht kaufen können, wir wissen, dass unsere Seelen oft nur ein paar gute Worte, einen guten Gedanken brauchen, ein paar Farbtupfer, die Wertschätzung, Wohlgefallen, Herzlichkeit und Mitgefühl heißen.

Gestreut aber werden Misstrauen und Angst. Ja, wovor haben wir denn Angst?

Wenn wir unser Menschsein rein materiell definieren, ja, dann müssen wir vermutlich wirklich Angst haben. Es werden nach den sieben fetten Jahren andere Jahre kommen.

Aber auch die können gut sein, wenn wir in unser Boot auch wieder ein wenig die Idee Gottes mit hereinnehmen. Die Idee Gottes tut unserer Seele gut. Sie nimmt uns ein bisschen aus dem Spiel, für das wir glauben, verantwortlich zu sein. Ein Wort für Gott heißt Liebe, ein anderes Wort für Gott heißt Du.

Und die Liebe kennt keine Furcht, heißt es im Johannesbrief, weil die Liebe vertraut.

Blaise Pascal sagte: „Menschen und menschliche Dinge muss man kennen, um sie zu lieben. Gott und göttliche Dinge muss man lieben, um sie zu kennen."

Er dreht auf wunderbare Weise den Gottesbeweis um. Wenn ich Gott liebe, kann ich ihn verstehen. Und wenn ich liebe, relativiert sich vieles in meinem Leben. Denn die Liebe weiß, dass das Leben kein Wettlauf ist. Das Leben ist ein bisschen mehr, als die anderen hinter sich zu lassen, ihnen davonzulaufen, um besser zu sein, um Erster zu sein. Wenn wir unseren gegenwärtigen Propheten Gehör schenkten, dann ginge es eigentlich nur um Macht und Kampf, um schneller und – ja, um Misstrauen, um Misstrauen und um Verachtung.

Erfahrungen mit Glück machen wir nicht im Kampf gegeneinander, machen wir nicht im Misstrauen, sondern genau dort, wo dem Vertrauen getraut wird, wo vor der Erkenntnis die Liebe steht. Das Glück stellt sich also nicht ein, wenn die

Die große Welt im Kleinen. Die Natur als Kunstwerk.

erfolgte erfolgreiche Evaluation sozusagen als Indikator für Aufschwung steht. Nein, das Vertrauen vertraut. Das Glück ist nicht künstlich, sondern geht den ganz geraden, ehrlichen Weg. Und die Ehrlichkeit lässt viele leben, sie lässt auch meinen Wirt leben, der redlich bemüht durch seinen Tag geht, einfach seine Arbeit tun möchte – und natürlich nicht der innovativste Geist ist. Aber was wollen wir? Eine Idee von Gott haben, heißt für mich, dass ich nicht immer Erster sein muss. Es geht nicht um mich. Es geht um uns. Da gehöre ich aber freilich dazu.

Sehe ich mein Leben als einen Wettlauf, den ich gewinnen muss, dann streiche ich Gott aus meinem Denken, bin geplagt und genervt, alles selbst machen zu müssen und schneller sein zu müssen als meine „Konkurrenz". Ach Gott, warum haben so viele dich verlassen? Wir sind Getriebene, ohne uns auf die Suche zu machen. Wer glaubt noch an ein größeres Du?

Poggio Bustone, 8. Oktober

Nach einer eher kurzen und kühleren Etappe lande ich wieder in den Bergen. Ich war schon in Versuchung weiterzugehen, aber was mache ich so früh in Rom? Ich muss mich noch daran gewöhnen, kürzere Etappen zu gehen und dann auch zu verweilen. Hab noch fünf oder sechs Etappen vor mir – ein letztes Gehen, immer wieder den Rhythmus finden, Schritt für Schritt. Das mag ich. Gehen und im Gehen nicht viel denken, nur schauen und hören. Das eine kommt und geht, nichts bleibt eigentlich länger, was mich in meinem Denken beschäftigt und quält. Vieles ist sehr frei geworden. Ob ich diese Freiheit, diese Leichtigkeit in meinen Alltag mitnehmen kann?

Finis heißt Ende und Ziel. Die Reise geht zu Ende, ein Ziel ist erreicht. Welche Ziele stellen sich vor dem Ende? Werden Ziele vor dem Ende erreicht? Oder gehört beides einfach wirklich zusammen? Am Ziel ist man am Ende des Weges, des Lebens. Ich freu mich darauf, dass der Weg ein Ende findet. Ob ich zum Ziel komme, weiß ich nicht.

Schöne Wege bin ich gegangen. Ich konnte die Natur ganz intensiv erfahren und bin eingetaucht in das Denken von Franziskus, der die Einfachheit der Natur abgeschaut hat. Wo sie karg ist, ist sie am intensivsten. Dort ist das Leben am unmittelbarsten, am direktesten. Dort ist nichts Theoretisches mehr, kein Philosophieren über Ästhetik oder Ethik, über Sein und Sinn. Dort ist Einfachheit – Einfach-Sein –, jedes Wort hört auf, Wirkung zu zeigen. Die Natur ist, das Einfache ist, das Karge ist.

Weit zurück, am Ende der Po-Ebene, wurden aus ebenen Kulturlandschaften karge Karstgebirge. Wo sich Schluchten auftun, wo die Natur ihre ganze Rauheit zeigt, dort geht's in deiner Seele noch einmal tiefer. Mit diesem Karst machst du

Am Weg nach Monteluco. Sonne und Nebel liefern sich ein „Duell im Morgengrauen".

keinen materiellen Gewinn, er ist nicht fruchtbar, aber dieses Land geht unter die Haut, es wirkt in dir und legt vielleicht den Keim für einen besonderen Ertrag. Noch einmal: Das Besondere ist einfach, klar und karg.

Der Ruf in mir, dass manches wieder einfacher werden muss, ist unüberhörbar. Die Sehnsucht nach einfacher Schlichtheit wird lauter – und ich denke, nicht nur in mir. Diese Kargheit ist auch die einfältige Ehrlichkeit, die sich die Welt so sehr wünscht, weil zu viel gelogen und betrogen wird, weil eben vieles nicht mehr einfach ist. Und eigentlich sind es einige wenige, die es haben kompliziert werden lassen auf dieser Welt, einige wenige, die den anderen, den Mitmenschen, vergessen haben, weil sie nur an den eigenen Vorteil denken. Eigentlich sind sie es, die das Leben kompliziert machen mit ihren verschlungenen Wegen, ihren Hintertüren und ihren unehrlichen Abkürzungen.

Rieti, 10. Oktober

Auf meinem Pilgerweg sind nun 1400 Kilometer geschafft – Rom ist in „Sichtweite".

Bin gestern in Greccio gewesen und nach Rieti gegangen, dem geografischen Mittelpunkt Italiens. Auf dieser von sanften Hügeln umrahmten Hochebene verabschiede ich mich vom heiligen Franziskus, dem ich in den letzten Wochen an ganz vielen Orten begegnet bin. Bis heute ist diese Gegend durch ihn geprägt. Viele Gegensätze – arm und reich – begleiten mich und ich bekomme Giorgio nicht aus dem Kopf, der an einem Stausee eine Herberge betreibt und ein guter Wirt ist. Er war einmal ein blühender Geist, kann aber mit der rasanten Entwicklung nicht mithalten, und vermutlich will er das auch nicht. Zerknirscht sitzt er in seinem Restaurant, die meisten Tische edel gedeckt, für Gäste, die nicht mehr kommen. Er starrt in einen Nachrichtensender und schüttelt in regelmäßigen Abständen den Kopf, kneift die Augen zusammen, schlägt mit der Faust auf den Tisch und ist wütend traurig. Zwischen Schicksalsschlägen, Betrügereien, Gaunereien, Korruption, Verbrechen, Mord und Krieg kreist seine tägliche Information, durchgehend von der Früh bis in die Abendstunden. Und genau von dieser Welt, so scheint es, hat er genug. Er tut mir leid, und man hat den Eindruck, dass er als „letzter Ehrlicher" an dieser verkehrten Welt zugrunde geht. Ich gebe ihm ein bisschen mehr Trinkgeld. Mit beiden Händen greift er nach meiner und versucht mir zu sagen, dass ich wieder kommen und Freunde mitnehmen soll.

Greccio ist einer von vier Orten in den Bergen, die die Hochebene von Rieti umgeben, wo der heilige Franziskus sich immer wieder zurückgezogen, gebetet und das Regelwerk für seinen Orden geschrieben hat. In Greccio hat Franziskus bei einem Weihnachtsfest Menschen die Geburt Christi darstel-

Greccio. Die Geburt der weihnachtlichen Krippe.

len lassen. Das war die Geburt der weihnachtlichen Krippe. In einem kleinen Museum sind besondere Exponate aus der ganzen Welt zu sehen, beeindruckend das Stück aus Japan.

Der heutige Tag ist etwas verregnet, und so sitze ich nahezu allein in der Grotte vor den fast tausend Jahre alten Fresken. Daneben kniet Franziskus vor der Krippe, der in Stein gemeißelte Gesichtsausdruck des Heiligen fesselt mich. Es ist, als ob er nahe daran wäre zu weinen, aber nicht aus Leid, aus Sorge, sondern aus Rührung, aus dem Faszinosum heraus, diesen besonderen Moment der Menschwerdung erleben zu dürfen. Betroffenheit, die einen nicht belastet, sondern zum Leben befreit. Ich denke an Giorgio, wie er vor dem, was er sieht, immer kleiner und trauriger wird und an den Schlagzeilen dieser Welt den Atem verliert. Lange sitze ich in der Kapelle. Ein angenehmes Sitzen, bis sich draußen der Regen legt.

Ich gehe weiter, nur mehr wenige Etappen liegen vor mir. Rom, ich komme, und ich weiß, dass ich mich freue, weiß aber auch, dass so einen Weg zu Ende gehen zu dürfen auch mit ein wenig Wehmut verbunden ist. Besondere Wege bin ich gegangen, ganz große Natur! In unseren Landen noch solche Wege zu finden hätte ich mir im Vorfeld nicht träumen lassen. Fragend habe ich versucht, in das Denken des heiligen Franziskus einzutauchen, der seine Einfachheit ganz offensichtlich der Natur abgeschaut hat. Ich danke für diese Tage und die vielen Gedanken.

Montelibretti, 12. Oktober

Mein letzter Abend, bevor ich nach Rom komme. Hab ein wunderbares Quartier auf einem Bauernhof gefunden. Nach dem Abendessen mit einem belgischen Ehepaar sitze ich vor dem Kamin und schaue ins Feuer. Es ist Herbst geworden.

Ich bete für dich! Ein großer Satz, wenn er ehrlicherweise ausgesprochen werden kann. Ich denke an dich. Ja, das geht einfacher, aber „Ich bete für dich" hat noch einmal eine andere Qualität. Es nimmt das Ich zurück.

Immer wieder stehen am Weg nach Rom wie an vielen anderen Pilgerwegen Kreuze, Marterl, wo vorbeikommende Pilger oder Wanderer Steine ablegen. Diese kleinen Steinhaufen zeugen von der Sehnsucht des Menschen, Belastungen abzulegen. Hinter jedem Stein, der irgendwo an so einem Ort liegt, gibt es eine Geschichte, manchmal eine sehr tragische, eine eingebildete, eine traurige, Geschichten auf alle Fälle, die belasten, die immer damit zu tun haben, dass Menschlichkeit nicht erfahren oder Menschlichkeit verletzt wurde. Steine der Belastungen liegen da.

Und es ist gut, wenn man diese Steine ablegen kann. Irgendwohin. Darum geht es. Lasten, die man jahrelang mit sich schleppt, gehören wieder weggegeben. Es ist Zeit für einen

Pilger legen Steine ab. Im Gehen leichter werden.

Schlussstrich. Alles Belastende soll ein Ende haben, soll aufhören wehzutun. Auch ich lege meine Steine ab, lege sie ab und weiß dann doch nicht, ob sie abgelegt sind. Seit Bologna habe ich zwei Steine mitgetragen und möchte sie nicht bis Rom mitnehmen. Sie stehen für Menschen, denen ich Unrecht getan habe. Es wird für mich ein kleines Ritual, verbunden mit einer Entschuldigung. Ich wollte nicht verletzen.

Genügt es, Belastendes symbolisch als Steine abzulegen? Vermutlich nicht. Es braucht auch den Mut zum Wort einer Entschuldigung, den Mut, das Verletzende anzusprechen, den Mut zu sagen, dass nicht einfach Gras darüber wächst. Umgekehrt wird durch ständiges Rühren aus einer versalzenen Suppe kein Leckerbissen.

Steine, die wir mitschleppen, gehören abgelegt, wir müssen nur den Weg dafür finden. Hin und wieder gehört der Rucksack geleert. Und da bedarf es des großen Glaubens, dass wir

Barmherzigkeit erfahren dürfen. Barmherzigkeit, die uns sagt: Mensch, du machst Fehler, glaub aber auch, dass du trotz der Fehler ein besonderer Mensch bist. Und wolle, dass jeder Mensch einzigartig ist, sieh nicht nur dich als solch einen einmaligen Menschen. Alle anderen sind es auch, und wir alle bedürfen der Vergebung. Wer sich der Barmherzigkeit bedürftig sieht, der hat sein Menschsein begriffen, der bringt die notwendige Demut für dieses Leben auf.

5. Teil

Ich besuche dich

Monte Sacro, 13. Oktober

Knapp vierzig Kilometer ging ich auf meiner letzten Etappe. Am Morgen ging ich mit Tränen in den Augen weg, nicht weil das Quartier so schlecht war. Nein, mir war klar, heute kommst du, wenn alles gut geht, in Rom an. Ende deines weiten Weges.

Die Natur gibt mir noch einmal ein Schauspiel der besonderen Art. Diesmal war der Himmel an der Reihe. Die Sonne zerfetzte die Wolken und ließ die Olivenhaine endzeitlich erscheinen. Seit dem Ende der Po-Ebene, also seit siebenhundert Kilometern, verleihen immer wieder die Olivenbäume der Landschaft eine ganz besondere Prägung. Wie schön bist du, Mutter Erde, du nährst uns, ergötzt unser Auge und nimmst so viel Schwachsinn in Kauf! Ich bewundere deine Geduld mit uns.

Noch einmal eine lange Etappe, ein weites Gehen, es schenkt in einer besonderen Weise die Erfahrung des Pilgerns. Der Lebensweg ist ein Pilgern. Wie Pilger gehen wir durch die Zeit, kein Dach überm Kopf, das uns Ewigkeit schenkt. Weiter geht es, weiter und immer weiter. Im Bleiben ist Rast. Zu lange Rast ist Rost. Bevor ich in die Stadt einbiege, komme ich an einem ausgebrannten Traktor vorbei und freue mich, nicht so ausgebrannt in Rom anzukommen. Ich mache ein Foto vom Traktor und ein Selfie (siehe Titelbild). Ja, die Eitelkeit ist anscheinend doch mitgegangen.

In Rom angekommen gleiche ich einem kleinen Kind, weiß nicht wohin, weiß nicht was und wer. Sehr laut, viele Leute, geschäftig und schnell. Nun zischen die Autos vorbei, die Ampeln regeln dein Gehen, Großstadt. Ich komme mir wie ein Außerirdischer vor. Geh in die Kirche Sankt Agnes vor den Mauern und bete, bete ganz hilflos. Sitze da und weiß, dass

Unmittelbar vor Rom. Ein Dank, dass ich beweglicher ankomme.

mein Weg zu Ende ist. Ja, es ist die Langsamkeit, das Bedächtige, das Entschleunigende oder nie in Beschleunigung Gekommene. Im Gehen ist ein anderer Rhythmus, Schritt für Schritt. Und trotzdem: Wenn du dich nach Stunden des Gehens umdrehst, glaubst du nicht, wie weit eben Durchwandertes schon wieder zurückliegt. Im Gehen gewinnst du eine besondere Aufmerksamkeit, eine Achtsamkeit und Wertschätzung all dem gegenüber, was du nicht so einfach bestimmen und ausmachen kannst. Das Leben ist in diesen Momenten etwas ganz Besonderes. Ich bleibe lange sitzen in der Kirche, bin allein, am Ende des Weges, den ich für etwas mehr Barmherzigkeit auf dieser Welt gegangen bin. Ein frommer Wunsch. Aber wenigstens bin ich gegangen.

Man wird ganz klein und doch ist alles sehr erhaben.

Die Bescheidenheit ermöglicht, dass wir nicht zu staunen verlernen. Und die Dankbarkeit sagt, dass du solche Augenbli-

*St. Agnes vor den Mauern. Meine erste Kirche in Rom. Ich bin
angekommen.*

cke nicht selbst machen kannst. Sie werden dir ganz einfach
geschenkt. Die Bescheidenheit lässt diesen Augenblick als Geschenk erkennen. Freilich bin ich selbst den Weg gegangen.
Ich gehe, aber die Voraussetzung, gehen zu können, habe ich
nur bedingt im Griff. In der äußersten Erfahrung des menschlichen Seins, also im tiefsten Leid oder im größten Glück, sind
wir Menschen sehr hilflos ausgeliefert. Vermutlich brauchen
wir vor allem für diese Extremerfahrungen, für diese Amplituden einen Gott, einen Gott, der uns zusammenhält, damit wir
nicht auseinanderfallen in unserer Ohnmacht. Wir können
diesen Gott aber nur dann in den Amplituden unseres Lebens
helfend erleben, wenn wir ihn in den Ebenen des geraden Lebens nicht beiseitelassen und vergessen. Er ist wie ein Pilger-
stab, den ich in der Ebene vielleicht weniger brauche als beim
Auf- oder Abstieg. Die Frage ist nur, ob ich ihn auch in der Ebene mittrage.

Ich habe das seltene Bedürfnis, mich niederzuknien. So knie ich in St. Agnes vor den Mauern, ganz allein, und es ist unsagbar still. Hier kniend weiß ich, dass es für mich einen Gott geben muss. Dieser Gott hat keinen Namen, er hat nur ein Herz, auch wenn er oft nicht herzlich erscheint, ein Herz, dessen Töne oft nicht so einfach zu hören, noch schwieriger zu verstehen sind. Hier in St. Agnes, am Ende des Weges, aber höre ich etwas. Ich knie da, in einer Haltung, die empfangen kann; in mir öffnet sich etwas, wo Gott für Momente eintreten kann. Ich kann es nicht erklären, auch nicht erfühlen, aber da gibt es noch was Drittes, es dringt in mich ein und ist in mir. Es ist nicht rational, nicht emotional. Nicht virtuell, nicht real, nicht organisch, nicht anorganisch. Es ist. Es ist ganz tief in mir drin. Es dringt etwas ein, das mir Hoffnung gibt. Ich möchte noch mehr hören! Hier am Ende des Weges habe ich den Eindruck, Gottes Herzschlag zu hören. Da finden meine Tränen den direkten Weg ...

Rom, 14. Oktober

Heute begleitet mich für einige Stunden ein ORF-Fernsehteam. Irgendwie ist alles ein wenig irreal. Es waren ganz einfach großartige Wochen, freilich oft anstrengend, aber immer getragen von einer gewissen Leichtigkeit, die mir Kraft, Ausdauer und eine besondere Lust am Gehen gab. Ich bin diesen Weg gegangen für ein bisschen mehr Menschlichkeit auf unserer Welt. Ich habe viel Menschlichkeit und Hilfsbereitschaft in meinem Gehen erfahren. Für die Tage in Rom bekomme ich in unserem Ordenshaus Unterkunft. Ich werde sehr freundlich von Pater Ennio aufgenommen, der mich kulinarisch verwöhnt.

Der ORF begleitet mich. Ein Schweben durch die Stadt.

Rom, Via Dandolo, 15. Oktober

Heute ist ein guter Freund von mir nach Rom gekommen, Gerhard. Ich bin Taufpate von Sebastian, dem ältesten seiner vier Söhne. Ich bin mit ihm in Rom selbst noch einmal weit mehr als zwanzig Kilometer gegangen, um die sieben großen Pilgerkirchen aufzusuchen und durch die vier Heiligen Pforten der Ewigen Stadt zu gehen. Ein ganz anderer Weg, viele Menschen, Touristen, aber auch ganz viele, bei denen man merkt, dass sie aus einem Glauben heraus diese besonderen Stätten aufsuchen. Man kommt aus dem Staunen nicht heraus. Eine derartige Fülle an Gotteshäusern, geprägt durch eine sehr, sehr lange Geschichte, erbaut voller Pracht, hat mich heute in besonderem Maß bewegt. Es ist eine Ehrenrunde.

Da stehe ich im Petersdom vor Michelangelos Pietà, die Mutter Maria mit ihrem toten Sohn im Schoß. Er kommt

Petersdom. Michelangelos Pietà. Ein großes Ziel meiner Reise. Heimkommen.

dorthin zurück, wo er zu leben begonnen hat. Ihr Ausdruck ist liebevolle Barmherzigkeit. Diese Barmherzigkeit spüre ich in diesen Tagen in einer besonderen Weise. Die Menschlichkeit ist eine Schwester der Barmherzigkeit, und sie entspricht ganz einfach dem Wesen des Menschen. Wo der Menschlichkeit Grenzen und Mauern gebaut werden, beginnt die Unmenschlichkeit – und dort wird verwundet, zerstört, dort regieren Hass, Neid und Gier. Diese drei Regenten haben den Menschen noch nie ein Herz gegeben, sie machen arrogant, eitel und fremd. Unsere Welt ist verwundet, und jeder Mensch stark verwundbar. Überall, wo Wunden sind, braucht es jemanden, der hilft, die Wunden zu versorgen, damit Heilung stattfinden kann. Kein Mensch kann sich selbst heilen, wie sich auch kein Mensch selbst aus einer Grube ziehen kann.

Ich habe auf diesem Pilgerweg erfahren, dass ich mein Ich, mein Leben in einem größeren Zusammenhang aufgehoben weiß und auch das Vertrauen aufbringe, in diesem Ganzen geborgen zu sein. Der größere Zusammenhang ist für mich ein Gott, der selbst Mensch geworden ist, ist ein Gott, der mir Barmherzigkeit schenkt, wenn ich bereit bin, mich als Mensch zu sehen. Der Übermensch ist vielleicht erfolgreich, aber unzufrieden, weil er immer mehr will. Die Zufriedenheit braucht Menschlichkeit und Vertrauen in das Leben.

Arroganz und die Anmaßung, ein bisschen Übermensch sein zu wollen, höhlen die Welt aus, sie nehmen uns unser Menschsein, nehmen Menschen nicht ernst, und es wird verdammt ungerecht, wie sich alles verteilt.

Barmherzigkeit ist eigentlich die gerechtere Gerechtigkeit.

Gerhard hat in allen großen Kirchen Roms ein kleines Stickerbildchen seines jüngsten Sohnes Moritz angebracht. Meist klebte er es versteckt unter einen Kirchenstuhl. Seine Frau Katharina hatte die Idee. Moritz ist schwerst beeinträchtigt, ein toller Mensch und die Eltern und seine drei Geschwister kümmern sich liebevoll um ihn. Eigentlich haben Gerhard und Katharina ihr gesamtes Leben umgekrempelt, den Beruf gewechselt, ganz einfach, um für Moritz da sein zu können. Und Katharina meinte, als Gerhard mit dem Zug nach Rom aufgebrochen ist, er möge doch Bildchen von Moritz in allen großen Kirchen Roms anbringen. Nun klebt ein kleines Bild vom ganz großen Helden Moritz an allen wichtigen Orten Roms.

Gerhard ist am Sonntag nach dem Gottesdienst, den wir am Petersplatz mitgefeiert haben, wieder mit dem Zug nach Hause gefahren. Ich darf noch einige Tage bleiben.

Lateranbasilika. Im Jahr der Barmherzigkeit durch die Heilige Pforte gehen.

In der Nähe des Kolosseums. Sonntags das Leben leben.

Ich bin auch in Rom nur zu Fuß unterwegs und will noch einmal die vier Heiligen Pforten „durchschreiten". Ich verwende dieses etwas aufgeblasene Verb, weil es da nicht um ein Gehen geht, sondern um ganz bewusste Schritte durch eine Pforte, es sind Schritte von der profanen Welt, die den Großteil eines Tages bestimmt, in eine Welt, die über das rein Messbare hinausgeht, in eine Welt, die die einen als kunsthistorisch interessant, die anderen aber als existentiell wertvoll betrachten.

Noch einmal gehe ich in diese Kirchen, nehme den Weg, den ich gegangen bin, mit all den Erlebnissen mit, setze mich in den großen und touristisch interessanten Orten meist in die Sakramentskapelle, dorthin, wo es ruhig ist. Noch einmal gehe ich den Weg im Zeitraffer. Wie wunderbar. Weggehen mit Freunden, die erste Nacht bei Freunden, die nächsten paar Tage begleitete mich ein Schulfreund, der ein großes Gefühl für Glauben und Religion hat, der zusammen mit seiner Frau seine Kinder so liebevoll erzogen hat. Dann ging es allein weiter, durch Gegenden, in denen eigentlich immer geerntet wurde: zunächst die dritte Mahd im Flachgau und dann in Tirol. Zwischen Kobernaußerwald und Schwaz in Tirol sah ich nur Wiesen, kein Getreide, keinen Mais, und das Heu wurde oft mühsam eingebracht. Dann kam ich nach Südtirol, wo die Äpfel reif waren und die Weinlese begann. Ich ging weiter, kam in die Po-Ebene: Berge von Mais türmten sich in den Lagerhäusern. Dann gab es die Tabakernte, dann wieder Wein und unzählige Kilometer in den Wäldern, wo vorwiegend Buche und Eiche standen. Olivenbäume, die silbern in der Morgensonne ihr ganzes Hab und Gut zeigten.

Ein Weg der Fruchtbarkeit. Es wächst so viel, die Natur schenkt, gebärt, gibt sich uns. Und wir, was machen wir damit? Gehen wir sorgsam genug mit ihr um? Es geht in diesem Leben nicht um ein Mehr und um ein noch Mehr. Es geht vielmehr darum, dass alle ganz einfach leben dürfen. Und den Sinn im Leben gibt nicht die füllende Sattheit. Sie macht dumm und träge. Leben wir aus der Sehnsucht nach Gerechtigkeit, die ihren Ursprung in der Barmherzigkeit hat! Leben wir als Menschen, nicht als Jäger und Sammler! Damit haben wir angefangen, aber schön langsam müsste uns die Evolution, von der wir ja so überzeugt sind, sagen, dass wir einen Schritt weitergegangen sind. Es geht nicht mehr ums Sammeln, es geht ums Leben, und Leben erfahren wir dort, wo wir anderes Leben zulassen, wo nicht unser eigenes Leben der Mittelpunkt ist.

Besondere Erfahrungen machen wir, wenn wir das Du in die Mitte stellen. Wir merken, wie gut es dem Du tut, und wir merken, wie gut es uns tut, Anerkennung zu schenken. *Du gehörst dazu.*

Jemandem auf die Schulter klopfen, die Hand geben – und sie durchaus um eine Spur länger halten, jemandem Aufmerksamkeit schenken, jemandem zuhören, jemanden anschauen: Das sind alles Gesten der Barmherzigkeit. Wir müssen uns, wenn wir unser Menschsein ernst nehmen, wieder mehr auf die Menschen als auf die Rendite konzentrieren. Wir sind nicht das Ergebnis eines Algorithmus.

Uns Menschen muss es gut gehen, dann geht es uns gut. Und das ist möglich. Das ist keine irreale Vision, sondern hat ganz einfach mit unserer Einstellung zu tun. Nicht „Ich lebe für mich allein", sondern „Ich bin ein Diener dieses Leben". Das wär doch was!

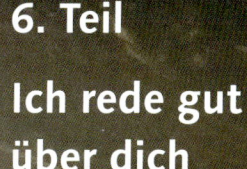

6. Teil

Ich rede gut über dich

Rom, 19. Oktober

Den ganz großen Höhepunkt meines Pilgerweges habe ich in der persönlichen Begegnung mit dem Heiligen Vater erlebt.

Wenn er dir die Hand gibt, dich anschaut, dir zulächelt, dann spürst du einen besonderen Moment in deinem Leben. Ich habe ihm erzählt, wer ich bin, was ich beruflich mache und dass ich zu Fuß nach Rom gegangen bin. Ich durfte seine Hand halten, bis ich mit all dem, was ich ihm sagen und fragen wollte, fertig war. Und er hat mir eine Botschaft mitgegeben.

Vor der Papstaudienz wartete neben mir eine Mutter aus Osnabrück mit ihrem Sohn Paul und dessen Lehrerin. Wir durften ganz vorne stehen, etwas weiter hinten war die Klasse von Paul. Seit einiger Zeit kann er wieder zur Schule gehen. Paul hat eine sehr schwere Krankheit, und die Lehrerin stellt seit Jahren mit ihrer Klasse und den Eltern große Projekte auf die Füße, damit die Therapien für Paul, die die Krankenkasse nicht zahlt, ermöglicht werden. Paul ist noch schwach, aber es wird immer besser. Seit Jahren kämpfen sie um das Leben dieses kleinen Jungen. Und da helfen alle zusammen.

Und nun sind sie gemeinsam nach Rom gefahren, ein Busunternehmen hat den Reisebus gratis zur Verfügung gestellt, und Paul steht mit seiner Mutter neben mir und wartet auf den Papst. Er hat ein Buch in der Hand, das im Laufe der Jahre entstanden ist und in dem die Kinder seiner Klasse von der Arbeit berichten, die sie im Kampf für das Leben um Paul geleistet haben. Er möchte dem Papst dieses Buch schenken. Das Buch trägt den Titel: „Kleiner Tiger will leben!"

Für Paul ist die Audienz doch etwas anstrengend. Er schläft zwischen den vielen Worten in den unterschiedlichen Sprachen in der sicheren Obhut seiner liebevollen, aber gezeichneten Mutter ein. Aber dann, als Papst Franziskus in seine Nähe

Der Höhepunkt meines Pilgerweges. Papst Franziskus: Mut, Humor und Ehrlichkeit.

kommt, ist er hellwach. Franziskus hält seinen Arm, streicht über seine Wange, und Paul gibt ihm das Buch. Und du siehst, wie der kleine Tiger lebt, sich freut. Dann bittet er den Heiligen Vater um eine Unterschrift für sein zweites Exemplar, das in der Klasse bleiben soll. Der Heilige Vater segnet ihn, zeichnet liebevoll ein kleines Kreuz auf seine Stirn und dann machen Paul, Mama und Papst Franziskus ein Selfie.

Es ist wirklich Zeit der Ernte auf dieser meiner Reise nach Rom. Mein Fußweg nach Rom glich einem großen Erntedankfest.

Nach der Audienz ein Besuch bei Alex Kofler im ORF-Studio, Rom.

Prambachkirchen, 21. Oktober

Ich bin nun wieder zuhause angekommen. Es war ein schneller Rückweg. Bin zu Mittag in Wien angekommen, durfte direkt zum ORF für ein Gespräch in der Sendung „heute leben" und dann ging's mit dem Zug zurück nach Dachsberg. Ein freudiges Treffen mit meinen Mitbrüdern. Am nächsten Tag habe ich mich über das herzliche Wiedersehen mit unserer Schulgemeinschaft riesig gefreut. „Ich hab Sie im Fernsehen gesehen", riefen mir Schüler zu. In „meine" 5. Klasse sollte ich gehen, sagte mir Maria, unsere Sekretärin. Irgendwie war mir anfangs sehr viel fremd. Die neuen Räume sind gelungen, denke ich – und doch bin ich noch nicht da.

Viele Fragen wurden gestellt und seltsamerweise hatte ich kaum Antworten. Es ist gar nicht so einfach, wieder in die wirkliche Wirklichkeit einzutauchen. Noch meide ich mein Büro, das auch während des Sommers renoviert worden ist.

Dachsberg, Adventzeit

Beim Dachsberger Advent habe ich die Botschaft von Papst Franziskus mitgeteilt:
„Seid stark in der Nächstenliebe!
Seid stark in der Freundschaft!
Betet für mich!"

Diese Botschaft ist für mich sehr klar. Es ist die Ermutigung, aufeinander zuzugehen. Der Auftrag der Christen ist nicht, sich am Markt der Wirtschaft, der zur alleinigen Gottheit geworden ist, durchzusetzen. Nicht der Markt reguliert, der Mensch reguliert und er reguliert im Sinne seines Wesens. Und das Wesen des Menschen ist Menschlichkeit.

Die Menschlichkeit sieht den Nächsten, die Menschlichkeit tritt nicht auf den anderen herum, sondern nimmt den Nächsten ernst, so wie sie oder er selbst ernstgenommen werden möchte.

Wenn ich lese, die Regierungsmitglieder des neuen amerikanischen Präsidenten sind hart, sie sind reich und es sind Männer, dann bekomme ich Angst.

Die zwölf Apostel, die Jesus um sich sammelte, waren auch Männer, aber sie waren nicht reich, besonders hart waren sie offensichtlich auch nicht, sonst hätten sie sich nicht alle versteckt, als Jesus gekreuzigt wurde.

„Seid stark in der Nächstenliebe!" heißt nicht, dass wir alle Probleme der sozial am Rand Stehenden lösen können, heißt aber, dass wir sie ernst nehmen müssen, dass wir all diesen Menschen unsere Achtung geben, unser Verstehen, unser Gehör, dass wir dem oder der Nächsten zeigen: Du gehörst auch dazu. Es geht um Betroffenheit.

Das Postfaktische zieht in unserer Gesellschaft ein. Twitter regiert. Und Fakt ist, dass eine Verrohung der besonderen Art stattfindet. Die Hemmschwelle sinkt dramatisch, es geht nicht mehr um Wahrheit, sondern um Schlechtmacherei der übelsten Sorte.

Nur so bleibt man im Geschäft. Es tut mir so weh, wenn ich sehe, wie versucht wird, über Hass Genugtuung zu bekommen. „Seid stark in der Nächstenliebe!" heißt zunächst, über den Nächsten nicht schlecht zu reden.

Das ist ein erster und vielleicht sogar der wichtigste Schritt.

Ein Werk der Barmherzigkeit, neuinterpretiert, heißt: Ich rede gut über dich!

„Ich rede gut über dich" macht uns stark in der Nächstenliebe. „Ich rede gut über dich" schenkt Achtung.

Und wer Achtung bekommt, weiß sich angenommen, aufgenommen und ernstgenommen.

Dann sagt uns Papst Franziskus noch: „Seid stark in der Freundschaft!" Freundschaften leben nicht von selbst. Freundschaften halten viel aus, aber nicht alles.

Freundschaften gehören gepflegt, regelmäßig gepflegt, von beiden Seiten gepflegt.

Und Freundschaften sind neben den partnerschaftlichen Beziehungen ganz wesentlich für die seelische Hygiene.

Mit einem Freund an der Seite kannst du vieles, ganz vieles aussprechen und das befreit.

Aber Freundschaften funktionieren nicht einfach, Freundschaften brauchen Zeit und viel Freiraum. Wenn ich Ehepaaren sage, dass ich es toll finde, wie lange sie schon zusammen sind, dann bekomme ich ganz oft die Antwort: „Wir sind noch immer verliebt ineinander, weil wir uns viel Freiraum für unsere Freundschaften und Hobbys geben."

Und dann war noch der Satz, den der Heilige Vater auch bei seinem ersten öffentlichen Auftritt unmittelbar nach seiner Wahl gesagt hatte: „Betet für mich!" Das Füreinander-Beten ist etwas, das wahrscheinlich nicht so einfach geht.

Kerzen anzünden. An dich denken. Für dich beten.

Einfacher wär: Denk an mich! Oder: Vergiss mich nicht! Das geht schon in dieselbe Richtung, aber „Bete für mich" ist mehr.

Früher habe ich oft zu Menschen, für die ich eigentlich gebetet habe, gesagt, „Ich denke an dich", weil es in unserer Zeit fast komisch klingt, wenn man sagt: „Ich bete für dich." Aber seit ich den Weg nach Rom gegangen bin, fällt es mir nicht mehr so schwer zu sagen: „Ich bete für dich."

Ich bete für dich, heißt, ich denke an dich, weiß aber, dass dieses An-dich-Denken in einem größeren Zusammenhang steht. Ich bete für dich, heißt, dass ich dich in deiner Situation vollkommen ernst nehme, dass ich aber um meine eigene Endlichkeit weiß. „Ich bete für dich" ist das Aussprechen einer Bitte oder eines Dankes, gerichtet an ein größeres Du.

Wenn Menschen füreinander beten, das klingt jetzt vielleicht schon zu fromm, dann werden sie sich auch in einer guten Weise vertragen. Gebet schützt nämlich vor Oberflächlichkeit.

Ich habe unseren Lehrern und Angestellten einen Kalender mit Fotos von meinem Weg nach Rom geschenkt. Für den Monat Juli habe ich ein Bild vom Eisack verwendet und ins Wasser einen Satz von Günter Funke geschrieben: „Je oberflächlicher die Menschen werden, desto weniger vertragen sie sich."

Beten meint Zeit haben, sich Zeit nehmen und in die Tiefe gehen, um ein weites Herz zu bekommen, ein barmherziges Herz.

„Auf die Dauer der Zeit nimmt die Seele die Farbe deiner Gedanken an!", sagt der römische Kaiser und Philosoph Marc Aurel. Und immer wieder auf meinem Weg habe ich versucht, über die Farben meiner Gedanken nachzusinnen. Ich kann nur versuchen – immer nur versuchen, suchen.

Am 8. Dezember 2015 hat Papst Franziskus still und leise – wegen Terrorangst waren nicht viele Pilger gekommen – die Heilige Pforte geöffnet, das ist der ganz rechte Eingang in die Vorhalle des Petersdomes, der Eingang, der eine Generalabsolution verspricht, der vollkommenen Ablass gewährt. Ablass kommt von „indulgentia" und heißt Gnade. Dieser Eingang verspricht uns Gnade.

Und an diesem Eingang darf es nie mehr Handel geben, wenn die Kirche von Vergebung spricht, von Gnade spricht. Das ist kein Handel.

Dieser Eingang ist gratis – kommt hoffentlich von „gratia", Gnade, und möchte dem Wunsch nach geschenktem Leben nachkommen.

Franziskus stellte das Heilige Jahr unter das Thema „Barmherzigkeit". „Barmherzigkeit will ich, nicht Opfer!", sagt Jesus im Evangelium.

Es geht um das Herz und nicht um ein modernes Pharisäertum, das zunächst immer den eigenen Vorteil sucht und dann vielleicht das Charity-Herz mildtätig werden lässt. Das hat mit Barmherzigkeit nichts zu tun. Barmherzigkeit ist ein Lebensprinzip.

Es ist ein absolut politischer Begriff, aber leider wird er in unserer Politik nie verwendet. Barmherzigkeit hat in einer mittlerweile postneoliberalen oder postfaktischen Gesellschaft wenig verloren. Es ist ein unmoderner Begriff, der vermutlich nie modern war, aber zu oft von denen in Anspruch genommen wird, die ihn selbst eigentlich verachten.

Der Begriff „Barmherzigkeit" bedeutet mir sehr viel. Ich bin in meinem Leben reichlich beschenkt worden und habe viele Pforten durchschreiten dürfen, wo mir Ablass gewährt und damit Gnade zuteilgeworden ist.

Ich erlebe mich als einen reichlich Beschenkten, als einen, dem Barmherzigkeit zuteilgeworden ist, wo es nicht unbedingt Barmherzigkeit hätte geben müssen. Und mit Barmherzigkeit meine ich nicht Almosen, meine ich schon gar nicht, einander Annehmlichkeiten zu geben, meine ich nicht, ein Auge zuzudrücken, damit es ein bisschen bequemer geht.

Mit Barmherzigkeit meine ich, dass bei meinem Denken immer das Du mitgedacht werden möchte. Und das gibt dem Denken eigentlich die Farbe.

Wer Barmherzigkeit erfährt, nützt sie nicht aus, rechnet nicht mit ihr, sondern zeigt sich dankbar.

Aus Barmherzigkeit erwächst Dankbarkeit und keine Selbstverständlichkeit.

Wer mit Barmherzigkeit rechnet, bekommt Armseligkeiten, so wie ich mit Liebe nicht rechnen kann. Ach, wie schön war dieser Weg!

7. Teil

Ich teile mit dir

Silke und Alois mit Kindern. Bei solchen Freunden ist gut weilen.

St. Georgen, Advent

Ich bin zu Silke und Alois gefahren. Sie hatten mir das Quartier für die erste Nacht gegeben. Damals konnte ich kaum etwas essen, so kaputt war ich. Ich konnte nicht einmal ein Foto machen. So haben wir beides nachgeholt. Ich durfte ihnen und ihren drei Kindern viel von diesem besonderen Weg erzählen, der mich nach Rom und in mein Inneres geführt hat.

Dachsberg, Frühjahr 2018

In zahlreichen Vorträgen habe ich meine Eindrücke auf dem Weg von Dachsberg nach Rom mit zahlreichen Menschen geteilt. Viele ermunterten mich, Auszüge aus dem Tagebuch zu veröffentlichen. Gerne teile ich meinen Weg, gerne teile ich meine Erfahrungen, mein Denken. Der Weg nach Rom und die Begegnung mit Papst Franziskus, den ich wegen seiner Ehrlichkeit, seiner Einfachheit, seines Mutes, Unrecht klar auszusprechen, und wegen seines Humors sehr schätze, waren etwas ganz Besonderes in meinem Leben. Dafür bin ich unendlich dankbar. Es ist die Langsamkeit, die mir den Blick für das Wesentliche öffnete und meinem Suchen zwar kein Ende bereitete, aber die Gewissheit schenkte, dass das Leben etwas Besonderes ist. In tiefer Demut verneige ich mich vor dem Leben.

Auf den Spuren von Kaisern und Pilgern in die Ewige Stadt

Ferdinand Treml

Der Pilgerweg nach Rom

Auf der Brennerroute über Padua und Assisi

304 Seiten, Klappenbroschur
ISBN 978-3-7022-3258-0
2. Auflage

Der detaillierte Führer für Fußpilger über die alte Brennerroute und die Pilgerzentren Padua und Assisi bis zu den Gräbern der Apostelfürsten in die heilige Stadt Rom. Mit vielen praktischen Tipps, detaillierten Wegbeschreibungen und Informationen über die spirituellen und kunsthistorischen Höhepunkte.

Der Pilger- und Reiseführer im „grünen Herzen Italiens"

Angela Maria Seracchioli
Der Franziskusweg
von La Verna über Gubbio und Assisi bis Rieti

176 Seiten, Klappenbroschur
ISBN 978-3-7022-2825-5
4. Auflage

Ein informativer Pilgerführer und zugleich ein sachkundiger Reiseführer auf den Spuren des Franz von Assisi, zu seinen Wirkungsstätten und den ältesten Orten seiner Verehrung in Italien. Mit Sonderteil: Die Fahrradroute zum Weg!

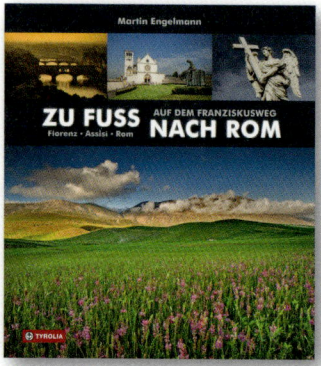

Was ein Ordensmann auf dem Jakobsweg erlebt

Christoph Müller OSB

Neuland unter den Sandalen

Ein Benediktiner auf dem Jakobsweg

208 Seiten, Klappenbroschur
ISBN 978-3-7022-3055-5

4. Auflage

Zum „Ora ct Labora" gesellt sich bei Benediktinerpater Christoph Müller das Pilgern hinzu. Zunächst per Fahrrad, später auf Schusters Rappen erlebt er Freud- und Leidvolles bis Santiago. Gute Beobachtungsgabe, Sinn für Situationskomik und die benediktinische Spiritualität, die immer wieder durchscheint, machen diesen Pilgerbericht zu einem niveauvollen Leseerlebnis.